suhrkamp taschenbuch 382

Hermann Hesse, am 2. Juli 1877 in Calw/Württemberg als Sohn eines baltendeutschen Missionars und einer württembergischen Missionarstochter geboren, 1946 ausgezeichnet mit dem Nobelpreis für Literatur, starb am 9. August 1962 in Montagnola bei Lugano. Sein Werk erscheint im Suhrkamp Verlag.

Seine Bücher, Romane, Erzählungen, Betrachtungen, Gedichte, politischen, literatur- und kulturkritischen Schriften sind mittlerweile in einer Auflage von mehr als 60 Millionen Exemplaren in aller Welt verbreitet und haben ihn zum meistgelesenen europäischen Autor des 20. Jahrhunderts in den USA und in Japan gemacht.

Max Brod: »Kafka las Hesse mit Begeisterung.«

Alfred Döblin: »Mit einer Sicherheit, die ohnegleichen ist, rührt er an das Wesentliche.«

Wie sehr Hesses »Glasperlenspiel« eine Auseinandersetzung und zeitkritische Antwort auf den immer hoffnungloseren Irrweg Deutschlands in den Nationalsozialismus ist, das wird am deutlichsten in den vier 1932–1934 entstandenen und immer wieder revidierten Versionen der Einführung in sein großes Alterswerk. Bereits in der Fassung vom Juni 1932 lesen wir in kaum verschlüsselter Form von den haarsträubenden politischen Parolen eines gewissen »Litzke« und von der verhängnisvollen Wirkung rätselhafter Bestseller wie das zweibändige Opus »Die Kriegsschuldlüge« oder eines Werkes, das unter dem Titel »Das grüne Blut« von der »mystischen, einem heiligen Stigma gleichzusetzenden Auszeichnung weniger, nämlich der aus mindestens 30 Generationen reinen Germanenstammes entsprossenen echten Führernaturen« spricht. Dieser Text von 1932 ist nicht nur eine der dezidiertesten Kritiken des Rassismus und aller »Blut und Boden«-Schwärmerei, sondern darüber hinaus eine unerbittliche Persiflage auf das beamtete und nicht selten lohnabhängig konjunkturorientierte Hochschulsystem.

In seinem Nachwort schildert Volker Michels, der Herausgeber der Materialienbände, Briefe und nachgelassenen Schriften Hermann Hesses, neben der Entstehungs- und Wirkungsgeschichte dieser Texte anhand der nachgelassenen Skizzen und Entwürfe auch Hesses intensive Auseinandersetzung mit politischen Alternativen.

Hermann Hesse
Von Wesen und Herkunft
des Glasperlenspiels

Die vier Fassungen der Einleitung
zum Glasperlenspiel

Herausgegeben und mit einem Essay
»Zur Entstehung des Glasperlenspiels« von
Volker Michels

Suhrkamp

suhrkamp taschenbuch 382
Erste Auflage 1977
© Suhrkamp Verlag, Frankfurt a. Main 1977
Suhrkamp Taschenbuch Verlag
Alle Rechte vorbehalten, insbesondere das des
öffentlichen Vortrags, der Übertragung durch
Rundfunk oder Fernsehen und der Übersetzung,
auch einzelner Teile.
Druck: Nomos Verlagsgesellschaft, Baden-Baden
Printed in Germany
Umschlag nach Entwürfen
von Willy Fleckhaus und Rolf Staudt

3 4 5 6 7 – 88 87

Inhalt

7   Die erste, handschriftliche Fassung (1932)
19   Die zweite Fassung (1932)
41   Die dritte Fassung (1932)
69   Die vierte und endgültige Fassung (1934)

107   *Volker Michels, Zur Entstehung des Glasperlenspiels*

Die erste, handschriftliche Fassung
(1932)

Das Glasperlenspiel

Motto

Mögen auch in gewisser Hinsicht und für leichtsinnige Menschen die nicht existenten Dinge leichter und verantwortungsloser durch Worte darzustellen sein als die seienden, so ist es doch für den frommen und gewissenhaften Geschichtsschreiber gerade umgekehrt: Nichts entzieht sich der Darstellung durch Worte so sehr und nichts ist doch notwendiger den Menschen vor Augen zu halten als gewisse Dinge, deren Existenz weder beweisbar noch wahrscheinlich ist, welche aber eben dadurch, daß fromme und gewissenhafte Menschen sie gewissermaßen wie seiende Dinge behandeln, dem Sein und der Möglichkeit des Geborenwerdens um einen Schritt näher geführt werden.

Albertus Secundus, tract. de cristallis
at. spirit. lib. I cap. 28. ed. Collof. Colon.

Wenn auch das »Glasperlenspiel« zur Zeit seiner höchsten Blüte sich von seinen naiven Anfangsformen gewaltig unterschied, übrigens auch schon seit Jahrzehnten nicht mehr mit Glasperlen gespielt wurde, so müssen wir doch, um es einigermaßen verstehen und erklären zu können, auf jene Anfänge zurückgehen. Wir erheben jedoch nicht im geringsten den Anspruch, eine Geschichte und eine Theorie dieses Spieles zu geben; auch würdigere und geschicktere Autoren als der Berichterstatter wären dazu heute nicht im Stande, diese Aufgabe wird einem späteren Zeitalter, falls die Quellen nicht verloren gehen, vorbehalten bleiben, und wird vermutlich dann viele Kulturhistoriker beschäftigen. Vorerst läßt sich darüber nicht wesentlich mehr sagen, als das, was während der Anfangsentwicklung des Spieles fast allen Gebildeten bekannt war, samt dem Wenigen, was aus seinen späteren esoterischen Stadien über den engen und streng geschlossenen Kreis seiner Anhänger hinausgedrungen ist.

Eines scheint schon heute unumstößlich festzustehen, daß nämlich als erster Erfinder und Begründer des Glasperlenspiels der Oberrechnungsrat R. Klaiber in Frankfurt anzusehen ist, und daß die Erfindung etwa in das Jahr 1935 oder 36 fällt. Mag seither aus den harmlosen Anfängen etwas völlig anderes, mit ihnen nicht mehr Vergleichbares geworden sein, das Verdienst, zu einem so komplizierten und erstaunlichen Phänomen den ersten Anstoß gegeben zu haben, gebührt doch eben jenem Reinhold Klaiber, und wir müssen uns einen Augenblick bei ihm aufhalten, obwohl über seine Person bisher nicht eben viel bekannt geworden ist. Es liegen uns aus dem Sterbejahr Klaibers, 1954, einige Zeitungsnekrologe vor, die wir benutzen.

Reinhold Klaiber stammte aus einer Familie im unteren Neckartal, welcher eine große Anzahl von mittleren und höheren Staatsbeamten sowie mehrere angesehene Industrielle entstammten. Als er nach den üblichen Schul- und Studienjahren seine Beamtenlaufbahn begann, war er bereits im Besitz eines mäßigen, wohlangelegten Vermögens, und heiratete sieben Jahre später die einzige Erbin eines Berliner Großunternehmers. Im Klaiberschen Hause in Frankfurt verkehrte, wenn nicht die geistige Elite, so doch ein Teil der dortigen Gelehrten und eine Anzahl gebildeter Bürgerfamilien. Es war ein ausgesprochen bürgerlicher Kreis, mit literarischer und musikalischer Kultur, der Politik fremd und mit den Wissenschaften oberflächlich vertraut, ein Haus und Kreis, wie es im damaligen Deutschland gewiß damals noch manche gab, dessen Typus aber für jene Zeit nicht charakteristisch war, sondern eher wie ein harmloses Überbleibsel des deutschen Bürgertums der Vorkriegszeit anmutete. Man war sich einer gewissen Rückständigkeit bewußt, aber eher mit Stolz, man legte keinen Wert darauf, in enger Fühlung mit dem Zeitgeist zu sein, denn man hielt von diesem Zeitgeist nicht allzu viel, und hielt an Latein und Griechisch, an liberaler Humanität und klassischer Musik fest, las Goethe und gab musikalische Abende, alles ein wenig mit dem Gefühl und Anspruch, damit eine Insel inmitten einer entartenden und hinsiechenden Kultur zu bilden. Der Politik gegenüber war man in halbwegs ruhigen Tagen von vornehmer Gleichgültigkeit, in stürmischen Zeiten von ängstlicher Ratlosigkeit, einzig dem Bolschewismus gegenüber war man seiner Haßgefühle sicher.

Klaibers Frau nahm an alledem Teil und war bestrebt, in diesem mit Bildung gesättigten Kreise ebenbürtig zu erscheinen, hatte aber doch manche andere Tendenzen und Gewohnheiten mitgebracht. So hatte sie z. B. Freude an komplizierten Kartenspielen, nahm bei einem emigrierten russischen Grafen Unterricht im Bridgespiel und suchte auch ihren Mann, seit er sich mit dem Titel Oberrechnungsrat hatte pensionieren lassen, dafür zu interessieren. Aber Klaiber mochte nichts davon wissen und erklärte oft, es scheine ihm ungereimt und geschmacklos, wenn gebildete Menschen, statt Griechisch zu lesen oder zu musizieren, auf ein bloßes Kartenspiel, einen leeren Zeitvertreib, ein Studium und eine Menge von Zeit, Eifer und Geld verwendeten. Und um seiner Frau das Bridge zu ersetzen und zu zeigen, was er könne, verwendete er einen ganzen Winter hindurch seine vielen Mußestunden darauf, ein Gesellschaftsspiel für wahrhaft Gebildete auszudenken.

Diesem Spiel lag die Erinnerung an ein Kartenspiel zu Grunde, das Klaiber als Knabe mit seinen Geschwistern besessen und gespielt und welches »Dichter-Quartett« geheißen hatte. Bei diesem Dichterquartett hatten je vier Karten mit dem Namen eines Dichters und seine Hauptwerke ein Quartett gebildet, man hatte z. B. beim Verteilen eine Karte mit dem Bildnis Schillers und dem »Tell« erhalten und mußte nun dazu die Karten mit den Räubern, dem Wallenstein und der Maria Stuart zu erlangen suchen, dann war ein Quartett vollzählig, wurde abgelegt und zählte einen Punkt. Diesem Spiel bildete Klaiber das seine nach, es war ebenfalls ein Karten-Quartettspiel mit berühmten Namen und Werken, nur waren außer den Dichtern auch Musiker, Maler und Baumeister aufgenommen, und es gehörten nicht immer genau 4 Karten zusammen, sondern manchmal auch 3, 5 oder 6. Goethe z. B. oder J. S. Bach füllten ein Sextett, während es für Lessing oder Händel nur ein Terzett gab. Jede Karte zeigte oben in großer Schrift und roten Buchstaben den Namen des Künstlers, samt

11

den Daten und Orten seiner Geburt und seines Todes, sodann seine 3 oder 4 oder mehr Hauptwerke, deren eines rot unterstrichen war. Für dieses Werk galt die betreffende Karte. Links oben in der Ecke trug jede Karte einen Buchstaben: K — bedeutete Komponist, D — Dichter, A — Architekt usw. Das Spiel war umfangreich und konnte von einer ganzen Tischrunde gespielt werden. Die Karten aus einem glatten Karton, der sich wie Celluloid anfühlte, waren von Klaiber selbst auf der Schreibmaschine in zweierlei Schriften zweifarbig geschrieben und sahen äußerst sauber und geordnet aus, man kann die Überbleibsel des Spieles noch heute im Frankfurter Stadtmuseum sich zeigen lassen.

Alles in allem also war das Klaiber'sche Spiel eine sehr harmlose Spielerei, ein kleinbürgerliches Allerwelts-Bildungs-Kartenspiel, eine Art in Karten aufgelöstes Künstlerlexikon und es hatte vermutlich eher etwas kindlich Komisches, wenn Herren und Damen um den Tisch herum einander fragten: »Bitte, haben Sie Schuberts Forellenquintett?« oder »Können Sie mir vielleicht den Palazzo Barberini von Bernini geben?« Es wurde trotzdem den Spielern nicht langweilig, denn einmal war es eine Art von Wahrzeichen und Devise: Wer das Bildungsquartett spielte, gehörte zu einer Partei, zu den Gebildeten, den Altmodischen, den Trägern und Verteidigern der »Kultur«, der heiligen Tradition. Und dann hatte das Künstlerkartenspiel etwas Hübsches: Es war unbegrenzt, man konnte es beliebig ausdehnen oder einschränken, spezialisieren oder verallgemeinern. Das gefiel den Leuten sehr, und bald hatte in Frankfurt jede Familie, die auf Bildung hielt, ihr eigenes Kartenspiel oder deren mehrere, und die Mode dehnte sich bald auf andere Städte und über das ganze Reich aus, weckte hier Begeisterung, dort Gelächter, entzückte Greise wie Backfische, gab den Witzblättern Stoff für viele Jahre und lief als große Mode über ganz Europa. Das Hübsche daran war, daß jede Familie, jeder Freundeskreis, jede kleine oder große Gesellschaft sich ihr eigenes Spiel herstellen konnte. Es gab Spiele mit Tausenden von Karten, und sie enthielten außer den Künstlern auch noch die Philosophen, Mathematiker, Staatsmänner, Moralisten, Erfinder, Reisenden, Sportsleute aller Länder. Diese sich ins Uferlose verlierenden Massenspiele jedoch hielten sich nicht lange. Desto beliebter wurden die Spezial-Spiele, deren schon im ersten Jahrzehnt sehr hübsche erfunden wurden. Ein musikalischer Kreis in Frankfurt machte den Anfang mit einem Kartenspiel: »Deutsche Kammermusik des 17. Jahrhunderts«. Hier trug jede Karte außer Autornamen und Opus auch noch in Notenschrift eines der Hauptmotive des Werkes, und wenn musikalische Menschen dieses Spiel spielten, so fragten sie einander die Karten nicht mit Worten ab, sondern jeder sang, pfiff oder summte das fragliche Motiv, oft antwortete der Befragte, indem er eine Begleitstimme dazu sang, und nicht selten wurden von einem schönen Thema alle gepackt, vergaßen für eine Weile die Karten und summten mehrstimmig das zitierte Stück, soweit sie sich seiner erinnern konnten. In anderen Kreisen wurde das Spiel auf andre Gebiete angewandt, auch auf wissenschaftliche, auf Medizin, Staatswissenschaft, Philosophie, zuletzt auch auf die Mathematik, und diese letzte Abzweigung war es, welche dem Spiel allmählich ganz neue Unterlagen und Bedeutungen gab.

Immerhin war also schon in jenen Anfangsjahren Klaibers »Literatur- und Kunstspiel«, wie er selbst es nannte, ganz erheblicher Sublimierungen fähig, es hätte sich als bloßes Schöntun mit Bildungsbrocken selbst in jener geistig so anspruchslosen Zeit schwerlich solcher Beliebtheit erfreuen können. Plinius Ziegenhalß, der in seiner genialen Schrift »Vorläufige Bemerkungen zu einer geistesgeschichtlichen Betrachtung Europas um's Jahr 2000« dem Literatur-Spiel ohne Nennung von Klaibers Namen einige beachtenswerte Zeilen widmete, sagt: »Die Volkstümlichkeit dieses in seiner anfänglichen Form beinahe geistlosen Spieles mag sich so erklären: Es war in der Generation seit 1900, und in rasch zunehmendem Tempo vom Jahr 1918 an, im gebildeten Bürgertum von ganz Europa ein Gedanke, oder vielmehr eine Stimmung zur Vorherrschaft gelangt, mit welcher Nietzsche einige

Jahrzehnte früher völlig unverstanden geblieben war, der Gedanke nämlich: daß nicht nur unsere Kultur im Greisenalter stehe und keine Blüten mehr treiben könne, sondern daß auch das ganze geistige und moralische Gerüst unseres Lebens morsch und verfault und am Einstürzen sei. Die an sich richtige Einsicht in den Prozeß der Mechanisierung und in die Unwiederbringlichkeit des Schönsten, was diese Kultur einst gewesen war und geschaffen hatte, war beinahe ausschließlich eine pessimistische, und hatte bisher vergessen, auch die positiven und angenehmen Seiten dieses Spätzustandes unsrer Kultur wahrzunehmen. Eines der positiven, ja eins der höchsten Güter dieser Epoche nun drang aus dem Wissen Weniger zu jener Zeit in das Bewußtsein Vieler, und daran hatte das Klaibersche Gesellschaftsspiel den stärksten Anteil. Es diente wie kein anderes Mittel der Verbreitung des Bewußtseins, daß unser Spätzustand zwar ein seniler und unschöpferischer sei, daß er aber dafür einen Überblick und ein feines intellektuelles Verfügen über sämtliche Schätze der gewesenen eigenen wie der gewesenen fremden Kulturen ermögliche, wie es ähnlich vielleicht am letzten Ende der antiken Kultur die alexandrinische Epoche besaß.« So Ziegenhalß. Und wir müssen ihm recht geben. Das Klaibersche Kartenspiel brachte es Tausenden zum Bewußtsein, daß sie späte Erben eines unausschöpflichen Schatzes seien, den sie zwar vielleicht nicht mehr durch neue Schöpfungen vermehren, dafür aber unter Benutzung zahlloser hochgezüchteter geistiger und technischer Methoden spielend genießen könnten. Wenn ich die Zeit Klaibers oben geistig anspruchslos genannt habe, so war sie dennoch im Besitz von höchst verfeinerten Methoden. Nur verfügte sie gerade in der Klaiberschen Epoche über diese Güter mit einer gewissen infantilen Sorglosigkeit, ohne daran zu denken, daß auch die besten Methoden der Kontrolle und Kritik bedürfen, und daß das Fahrenkönnen in einem Flugzeug oder Auto noch lange nicht dasselbe bedeutet, wie das Erfindenkönnen dieser hübschen Maschinen. Während die technische Schulung der damaligen Generation zwar im Niedergehen, aber immerhin noch auf einer recht hohen Stufe war, war ihre geistige Schulung von einer Seichtigkeit, deren Folgen sich als verhängnisvoll genug erwiesen, und welche den schon zitierten Forscher Ziegenhalß veranlaßt hat, in mehreren seiner Arbeiten jene Epoche die »feuilletonistische« zu nennen.

Eben diesem »feuilletonistischen« Zeitalter nun entsprach das Klaibersche Bildungskartenspielchen in hohem Maße. Zugleich aber trug das Spiel wesentlich dazu bei, den »gebildeten« Schichten die Augen zu öffnen für die Schatzkammern der Vergangenheit und für die Möglichkeit, mit diesen Schätzen höchst erfreuende, mannigfache und sinnvolle Spiele zu spielen, statt sie entweder vergessen und verkommen zu lassen, oder sich in leidvoller und unfruchtbarer Anstrengung um das Erzeugen neuer Schätze von ähnlicher Art zu bemühen.

Mit dem Ende der Klaiberschen Generation hatte der bürgerliche feuilletonistische Geistesbetrieb seinen letzten Tiefstand erreicht: Was in Vorträgen, Zeitungen und Büchern um 1950 geleistet und von der Menge bewundert wurde, unterbietet das gewiß bescheidene Niveau von 1930 noch um ein Erhebliches. Zugleich mit dem kindlich zuchtlosen Herumspielen der Klaibergeneration erreichte die Produktion an Kunst, an imitierten Dichtungen, imitierter Musik, imitierter Malerei ungeheure Ziffern; es war, als wolle Europa in einer letzten Anstrengung sich selber beweisen, daß seine Kultur noch schöpferisch sei. Überraschend schnell brachte die darauf folgende Generation den Umschwung: einerseits eine in vielen kleinen und kleinsten Kulturherden neu beginnende Geisteszucht oft asketischer Strenge, andererseits ein beinah völliges Verzichten auf das Produzieren von Kunst: denn Kunst und Feuilleton waren Eins geworden.

Inzwischen machte das Klaibersche Spiel manche Wandlungen durch, welche im einzelnen zu verfolgen hier nicht nötig scheint.

War die erste ernstliche Verfeinerung des Spieles bei seiner Spezialisierung auf die Musik entstanden, so war es jener Wissenschaft, welche als letzte und erst nach Jahrzehnten das

Spiel in ihre Kreise einließ, vorbehalten, seine Vergeistigung zu vollenden: der Mathematik. Es begann unter Studenten zunächst noch als reines Gesellschaftsspiel, die Terzette und Quartette trugen dabei die Namen von großen Mathematikern und der von ihnen aufgestellten Formeln, oder aber die Namen von Weltkörpern mit ihren Maßen und Umlaufzeiten. Die Namen der Mathematiker und der Sterne aber verschwanden bald aus dem Spiel, es blieben nur die Formeln übrig; die Spieler bedienten einander, sie gegenseitig entwickelnd, mit diesen abstrakten Formeln, spielten einander Entwicklungsreihen und Möglichkeiten ihrer Wissenschaft vor, und niemand dachte mehr daran, ein Quartett abzulegen und Glasperlen zu gewinnen. Dies war der zweite große Aufschwung in der Geschichte unseres Spieles. Bei den Mathematikern noch weit mehr als einst bei den Musikern verlor es seinen ursprünglichen Charakter eines Spieles um des Gewinnens willen und einer leeren Bildungsparade. Zugleich mit der »feuilletonistischen« Epoche war auch Klaibers Dichter- und Künstlerspiel zu Ende, oder verlor doch seine Geltung. An seine Stelle trat, geführt von der Königin der Wissenschaften, jenes Spiel der Formel-Dialoge. Man spielte es eifrig und schon mit einer Vorahnung seiner späteren, fast religiösen Bedeutung in allen mathematischen Seminaren Deutschlands, welche, gleich den Klöstern im frühen Mittelalter, in der Zeit nach dem Zusammenbruch des Feuilletonismus die wichtigsten Pflegestätten des geistigen Lebens wurden. Schon etwa von 1950 an begann ja, vorerst im kleinen Kreise einer geistigen Elite, jene Abwendung vom Feuilleton und vom Kunstersatz und jene Hinwendung zu den exaktesten Übungen des Geistes, der wir die Entstehung einer ganz neuen geistigen Zucht von mönchischer Strenge verdanken. Die jungen Menschen, welche sich geistigen Studien widmen wollten, konnten und wollten jetzt nicht mehr an Hochschulen herum schmausen, wo ihnen von redseligen und selbstgefälligen Professoren die Reste der einstigen höheren Bildung in angenehmen Dosen dargereicht wurden; sie mußten jetzt einen engen und steilen Weg gehen, mußten an der Mathematik und an aristotelisch-scholastischen Übungen ihr Denkvermögen reinigen und steigern, und mußten außerdem auf alle die Güter vollkommen verzichten lernen, welche vor ihnen für eine Reihe von Gelehrtengenerationen als die erstrebenswertesten gegolten hatten: auf raschen und leichten Gelderwerb, auf Ruhm und Ehrungen in der Öffentlichkeit, auf Ehen mit den Töchtern von Bankiers und Fabrikanten, auf Behagen und Luxus im materiellen Leben. Die »Dichter« mit den hohen Einkünften und hübschen Villen, die großen Ärzte mit den Orden und den Livreedienern, die Akademiker mit den reichen Gattinnen und glänzenden Automobilen, die Chemiker mit den Aufsichtsratstellen in der Industrie, die Philosophen mit den hohen Buchauflagen und den hinreißenden Vorträgen in überfüllten Sälen mit Blumengaben und Applaus — alle diese Figuren verschwanden und sind bis heute nicht wiedergekommen. Wohl gab es noch junge Talente genug, welchen diese Figuren beneidete Vorbilder waren, aber die Wege zur öffentlichen Ehrung, zum Reichtum und Luxus führten nicht mehr durch die Hörsäle und Seminare, die tiefgesunkenen geistigen Berufe hatten in der Welt Bankrott gemacht und hatten dafür durch eine beinahe büßerisch-fanatische Selbsthingabe den Geist wieder erobert.

Während diese, uns allen aus der Geschichte wohlbekannten Umwälzungen sich vollzogen, erlebte das Glasperlenspiel, von den Mathematikern ins Geistige hinüber gerettet, nochmals einen entscheidenden Aufschwung und neuen Antrieb, durch seine Verbindung mit der Musik. Ein Schweizer Musikhistoriker, zugleich fanatischer Liebhaber der Mathematik, gab dem Glasperlenspiel, das schon damals aus der Bürgerlichkeit und Öffentlichkeit verschwunden und eine esoterische Übung geworden war, die Möglichkeit zu seiner höchsten Entfaltung. Sein bürgerlicher Name ist nicht mehr zu ermitteln, seine Zeit kannte den Kult der Person auf den geistigen Gebieten nicht mehr, in der Geschichte lebt er als Ignotus Basiliensis fort. Er erfand für das Glasperlenspiel eine neue Sprache, eine Zeichen- und Formelsprache, an welcher die Mathematik und die Musik gleichen Anteil hatten, in welcher es möglich wurde, eine astronomische und eine musikalische Formel zu vereinigen, Mathematik und Musik gewissermaßen auf einen gemeinsamen Nenner zu bringen. Wenn auch die Entwicklung damit keineswegs abgeschlossen war, wenn auch später die Spielsprache sich die Gebiete der Chemie und Physik, der Philosophie und beinahe aller Wissenschaften hinzu eroberte, den Grund zu dem allem hat, in der Zeit um 2030, der Ignotus Basiliensis gelegt.

Seit dieser Großtat hat das Glasperlenspiel sich rasch vollends zu dem entwickelt, was es heute ist: zum Inbegriff des Geistigen, zum sublimen Kult und Dienst, zur Verwirklichung der universitas litterarum. Seine Rolle im Geistesleben entspricht etwa der Rolle, welche in früheren Epochen die Kunst gespielt hat. Wenigstens wurde das Spiel nicht selten mit einem Ausdruck bezeichnet, der aus der Dichtung der Klaiber-Zeit stammt und für jene Zeit das Sehnsuchtsziel manches vorahnenden Geistes benannte, mit dem Ausdruck: Magisches Theater.

Längst vorüber aber, und für uns halb lächerlich, halb rührend geworden ist die Zeit, in welcher das Glasperlenspiel, oder sein primitiver Vorfahr, in bürgerlichen Salons von Herren und Damen als Abendbelustigung gespielt wurde. Heute spielen es, unter andächtigem Horchen der Eingeladenen, die paar Dutzend auserwählten Geister der Erde, manches dieser Spiele hat eine Dauer von Monaten, und während es zelebriert wird, leben die Mitspieler sowohl wie die Zuhörer und Zuschauer nach strengsten Regeln ein selbstloses und enthaltsames Leben, vergleichbar dem genau geregelten, büßerischen Leben, welches die Teilnehmer der Übungen des hl. Ignatius während ihrer Buß- und Meditationszeit führen.

(ca. Mai/Juni 1932)

Die zweite Fassung*
(1932)

* Einen Durchschlag dieser Fassung hatte Hesse 1932 an Gottfried Bermann Fischer gesandt. Ihm antwortete er am 28. 1. 1933: »Aber eine Abschrift an [Samuel] Fischer zu schicken usw., wie Du vorschlägst, das wäre schon darum unmöglich, weil gar keine existiert. Es existiert ein einziger Durchschlag, der, den Du lasest, das Original ist bei mir, und wird gewiß seine jetzige Form nicht behalten. Es ist ja in diesem Vorwort nur das Terrain abgesteckt, und der Leser gezwungen, das Buch wegzulegen oder in die saubere aber dünne Luft mitzugehn, in der es spielt.

Hinzugekommen sind seit der Niederschrift des Vorworts einige Details zu eben diesem Vorwort, sowie die lateinische Wendung des Mottos, das natürlich eine Fiktion ist — ich habe den Mann gefunden, der mir dies von mir erfundene Motto aus einem fiktiven Autor in ein schönes stilgerechtes Latein übertragen hat, er ist ein Schulkamerad von mir.«

Versuch einer Geschichte des Glasperlenspiels

Motto

— denn mögen auch in gewisser Hinsicht und für leichtfertige Menschen die nicht-existenten Dinge leichter und verantwortungsloser durch Worte darzustellen sein als die seienden, so ist es doch für den frommen und gewissenhaften Geschichtsschreiber gerade umgekehrt: nichts entzieht sich der Darstellung durch Worte so sehr und nichts ist doch notwendiger den Menschen vor Augen zu halten als gewisse Dinge, deren Existenz weder beweisbar noch wahrscheinlich ist, welche aber eben dadurch, daß fromme und gewissenhafte Menschen sie gewissermaßen als seiende Dinge behandeln, dem Sein und der Möglichkeit des Geborenwerdens um einen Schritt näher geführt werden.

Albertus Secundus, tract. de cristall. at. spirit.
ed. Collof. Colon. lib. I. cap. 28.

Lediglich um der Geschichte Knechts willen machen wir den Versuch einer kurzen volkstümlichen Darstellung vom Wesen und der Herkunft des Glasperlenspiels, dessen Namen jeder schon oft gehört hat, und über dessen eigentliche Beschaffenheit dennoch so sehr widersprechende Meinungen zu hören sind. Man erwarte also von uns nicht etwa eine Geschichte und Theorie des Glasperlenspieles, wir möchten uns dagegen ausdrücklich verwahren: auch würdigere und geschicktere Autoren wären dazu heute nicht im Stande, diese gewaltige Aufgabe wird einem späteren Zeitalter, falls die Quellen nicht verloren gehen, vorbehalten bleiben, und wird vermutlich dann viele Kulturhistoriker und Philosophen beschäftigen. Vorerst läßt sich darüber beinahe nur in Andeutungen sprechen, denn die große Mehrzahl der Gebildeten hat zwar eine ungefähre Vorstellung vom Wesen des Glasperlenspieles, ist in seine eigentlichen Regeln und Geheimnisse aber nicht eingeweiht, und die kleine Zahl der Eingeweihten dürfte, selbst wenn sie nicht durch Gelübde zum Schweigen verpflichtet waren, wenig Lust haben, ihr Wissen auszuplaudern. Wir beschränken uns daher, was die Geschichte des berühmten Spiels betrifft, auf die Mitteilung jener Tatsachen, welche über die Entstehung des Spieles allgemein bekannt sind, und auch hier schon ist Geschichte von Legende nicht zu trennen. Wir beginnen mit der sehr banalen Entstehungsgeschichte des Spieles, das mit seinen Anfängen kaum mehr irgendwelche Verwandtschaft zeigt und versuchen, im Fortgang ungefähr dasjenige über das Glasperlenspiel mitzuteilen, was heute, im Jahr 2097, etwa der Vorstellung eines höher Gebildeten von dieser Materie entspricht. Übrigens ist es uns unbekannt, ob es, wie die Sage geht, eine Geschichte des Spieles und seiner Regeln gebe, abgefaßt zwar nicht in Worten, aber in den Formeln des Spieles selbst, welche nur die Eingeweihten kennen. Man hört gelegentlich von einem solchen Codex sprechen, welcher von Generation zu Generation von den jeweiligen Führern und Häuptern der Spielgemeinde weiter geführt werde und wenigstens ihnen und dem engsten Kreise der Gemeindeleitung lesbar und wohlbekannt sei. Wir haben jedoch gute Gründe, dies für eine der vielen Legenden zu halten, mit welchen die Neugierde des Volkes und der Neid der Nichteingeweihten diesen Gegenstand umweben.

Eines scheint unumstößlich festzustehen: daß das Glasperlenspiel seine Herkunft und seinen wunderlichen Namen einer längst vergangenen und wenig glänzenden Epoche verdankt, dem Deutschland der Zeit um 1940 nämlich, und daß es seit jenen sehr bescheidenen, ja lächerlichen Anfängen eine ungeheure Entwicklung, Komplizierung und Verfeinerung erlebt hat, wie sie ähnlich wohl nur in der Geschichte der griechischen Philosophie kurz vor Sokrates und dann wieder in der Glanzzeit der deutschen Musik, etwa von 1600 bis 1800, vorkommt.

Als »Erfinder« und Begründer des Glasperlenspiels ist ein Reinhold Klaiber anzusehen, Oberrechnungsrat in Frankfurt am Main, seine »Erfindung« läßt sich ziemlich genau auf das Jahr 1935 oder 1936 datieren. Mag seither aus den harmlosen Anfängen etwas völlig anderes, mit ihnen nicht mehr vergleichbares geworden sein, das Verdienst, zu einem so erstaunlichen und vielfältigen Phänomen den ersten kleinen Anstoß gegeben zu haben, gebührt doch eben jenem Reinhold Klaiber, und wir müssen uns einen Augenblick bei ihm aufhalten, obwohl über seine Person nicht eben sehr viel bekannt geworden ist, und obwohl diese Person, eine typische Durchschnittsfigur aus dem damaligen Europa und Deutschland, in ihrer Enge, Beschränktheit und Seichtigkeit unser Interesse kaum zu verdienen scheint. Es liegen uns aus seinem Sterbejahr, dem Jahr 1954, einige Zeitungsnekrologe vor, die wir benutzen, ohne uns freilich zu wörtlichen Zitaten entschließen zu können, denn jeder Historiker kennt ja das Niveau jener Zeit und gar ihrer Zeitungen.

Reinhold Klaiber stammte aus einer Familie im unteren Neckartal, welcher eine große Anzahl von mittleren und höheren Staatsbeamten sowie mehrere angesehene Industrielle entstammten. Als er nach den üblichen Schul- und Studienjahren seine Beamtenlaufbahn begann, war er bereits im Besitz eines mäßigen, wohlangelegten Vermögens, und heiratete sieben Jahre später die einzige Erbin eines Berliner Großunternehmers. Im Klaiber'schen Haus in Frankfurt verkehrte, wenn auch nicht die geistige Elite, so doch ein Teil der dortigen Gelehrten und eine Anzahl gebildeter Bürgerfamilien. Es war ein angesehener Kreis von ausgesprochen bürgerlicher Kultur, mit einigen literarischen und musikalischen Interessen, der Politik fremd und mit den Wissenschaften jener Zeit oberflächlich vertraut, ein Haus und Kreis, wie es im damaligen Deutschland gewiß noch manche gab, dessen Typus für jene Zeit aber eigentlich nicht mehr charakteristisch war, vielmehr wirkt er eher wie ein harmloses Überbleibsel des mittlern deutschen Bürgertums der Zeit vor dem ersten Weltkrieg. Man war sich in diesem Kreis übrigens einer gewissen Rückständigkeit bewußt, tat sich aber eher etwas darauf zugute als daß man sich ihrer geschämt hätte, man legte in diesem Kreis keinen Wert darauf, in enger Fühlung mit dem Zeitgeist zu sein, denn man hielt diesen Zeitgeist für bolschewistisch und minderwertig, und man war auf den Besitz von etwas Griechisch und Latein, von liberaler Humanität und Sinn für klassische Musik (zu welcher man aber auch noch Wagner, Brahms und andre verschollene Spätromantiker rechnete) ziemlich stolz, man las Goethe und gab musikalische Abende, alles ein wenig mit dem Gefühl und Anspruch, damit eine Insel inmitten einer entartenden und hinsiechenden Kultur zu bilden. Wie wenig man von dieser angeblich nahezu gestorbenen Kultur im Grunde besaß und ahnte, wußte man weder selbst noch wußte es der Gegner. Der Politik gegenüber war man in halbwegs ruhigen Tagen von vornehmer Gleichgültigkeit, in stürmischen Zeiten von ängstlicher Ratlosigkeit, einzig dem sogenannten Bolschewismus gegenüber war man seiner Haßgefühle sicher. Es war, man erinnere sich, mitten in jenen Jahrzehnten eines scheinbar unaufhaltsamen Niedergangs, in jenen Jahrzehnten, wo es Sitte war, politische Meinungsdifferenzen mit dem Revolver auszutragen, und wo jedes liebe Jahr ein- bis zweimal das gesamte Volk ernst und zitternd zur Wahlurne zog, im Wahn vor wichtigen Entscheidungen zu stehen, während in Wirklichkeit nichts sich entschied, und nebst den Zeitungen eine Handvoll politischer Amateure den Rahm von dieser trüben Milch schöpfte.

An den Unterhaltungen dieses Kreises nahm auch Klaibers Frau regen Anteil und war bestrebt, in diesem mit verdünnter »Bildung« übersättigten Welt ebenbürtig zu erscheinen, hatte aber doch aus Vaterhaus und Jugend manche anderen Tendenzen und Gewohnheiten mitgebracht. So hatte sie z. B. Freude an komplizierten Kartenspielen, und nahm bei einem emigrierten russischen Grafen Unterricht in Bridge, das damals Mode war, und suchte auch ihren Mann, seit er sich mit dem Titel Oberrechnungsrat hatte pensionieren lassen, für dieses Kartenspiel und diese Lektionen zu interessieren. Aber Klaiber, sonst Kavalier gegen seine Frau, mochte nichts davon wissen und erklärte oft in ausführlichen und schlechtgelaunten Reden, es scheine ihm ungereimt und recht geschmacklos, wenn erwachsene und gebildete Menschen, statt etwa Griechisch zu treiben oder Vorträge zu hören, auf ein bloßes Kartenspiel, einen leeren Zeitvertreib, ein Studium und eine Menge von

Zeit, Eifer und Geld verwendeten. (Anmerkung: »Vorträge« waren zu Klaibers Zeiten auf dem Höhepunkt ihrer Beliebtheit angekommen. Wir können uns schwer in die Mentalität jener Zeit zurückversetzen. Es war beispielsweise durchaus nicht etwa unmöglich und absurd, sondern selbstverständlich und kam jeden Tag vor, daß ein Professor oder Redakteur vor dreihundert Zuhörern einen »Vortrag« über irgendeinen Dichter, Gelehrten, Reisenden, einen Maler oder Musiker hielt, für welchen kein einziger der Dreihundert sich interessierte, dessen Leben und Werke keiner anders als eben durch Anhören dieses Vortrags kennenzulernen gewillt war, und der denn auch beim übernächsten Vortrag schon wieder vergessen war. Man hielt und hörte Vorträge über Goethe, in welchen er im blauen Frack aus Postkutschen stieg und Straßburger oder Wetzlarer Mädchen verführte, oder Vorträge über arabische Magie, in welchen eine Anzahl von intellektuellen Modeworten wie im Würfelbecher durcheinander geworfen wurde und jeder sich freute, so oft er eins von ihnen erkannte. Man stand schon dicht vor jener grauenhaften Entwertung des Wortes, welche dann wenig später die asketische Gegenbewegung hervorrief.) Und um nun seiner Frau das Bridgespiel zu ersetzen und zugleich zu zeigen, wessen er und seine Bildung fähig sei, verwendete Klaiber einen ganzen Winter hindurch seine vielen Mußestunden darauf, ein Gesellschaftsspiel für wahrhaft Gebildete auszudenken und herzustellen.

Dieses Spiel nun war nichts Originales, war keine eigentliche Erfindung, sondern es lag ihm die Erinnerung an ein Familien-Kartenspiel zugrunde, das Klaiber als Knabe mit seinen Geschwistern besessen und gespielt und welches „Dichter-Quartett« geheißen hatte. Bei diesem Dichter-Quartett hatten je vier Karten mit dem Namen eines Dichters und seiner vier Hauptwerke ein Quartett gebildet, man hatte z. B. beim Verteilen eine Karte mit dem Bildnis Schillers und dem »Tell« erhalten, und mußte nun dazu womöglich die Karten mit den Räubern, dem Wallenstein und der Maria Stuart zu erlangen suchen: gelang dies, so war ein Quartett vollzählig, wurde abgelegt und zählte einen Punkt.

Diesem Spiele bildete Klaiber das seine nach, es war ebenfalls ein Karten-Quartettspiel mit berühmten Namen und Werken, nur waren außer den Dichtern auch Musiker, Maler und Baumeister aufgenommen, und es gehörten nicht immer genau vier Karten zusammen, sondern manchmal auch drei, fünf oder sechs. Goethe z. B. oder J. S. Bach füllten ein Sextett, während es für Lessing oder Gluck nur ein Terzett gab. Jede Karte zeigte oben in großer Schrift und roten Buchstaben den Namen des Künstlers, samt den Daten und Orten seiner Geburt und seines Todes, sodann seine drei oder vier oder mehr »Hauptwerke«, deren eines rot unterstrichen war. Für dieses rot unterstrichene Werk galt die betreffende Karte. Links oben in der Ecke trug jede Karte einen Buchstaben: K bedeutete Komponist, D = Dichter, A = Architekt u.s.w. Das Spiel war sehr umfangreich und konnte von einer ganzen großen Tischrunde gespielt werden. Die Karten aus einem glatten Karton, der sich wie Zelluloid anfühlte, waren von Klaiber selbst zweifarbig und in zweierlei Schriften geschrieben und sahen äußerst sauber und ordentlich aus. Man kann die Überbleibsel des Klaiberschen Originalspieles noch heute im Frankfurter Stadtmuseum sich zeigen lassen.

Alles in allem also war Klaibers Spiel eine sehr harmlose Spielerei, ein kleinbürgerliches Allerwelts-Bildungs-Kartenspiel, eine Art in Karten aufgelöstes Künstlerlexikon, und es hatte vermutlich eher etwas kindlich Komisches, wenn Herren und Damen um den Tisch herum einander fragten: »Bitte, haben Sie Schuberts Forellenquintett, Gruppe K?« oder: »Können Sie mir vielleicht den Palazzo Barberini von Bernini geben?« Es wurde trotzdem den Spielern nicht langweilig. Denn einmal war es eine Art von Wahrzeichen und Devise: wer das Bildungsquartett spielte, gehörte zu den Gebildeten, zu den Altmodischen, zu den Trägern und Verteidigern der »Kultur«, der heiligen Tradition. Und dann hatte das Künstlerkartenspiel etwas Hübsches: es war unbegrenzt, man konnte es beliebig ausdehnen oder einschränken, spezialisieren oder verallgemeinern.

Das gefiel den Leuten sehr und bald hatte in Frankfurt jede Familie, die auf Bildung hielt, ihr eigenes Kartenspiel oder deren mehrere, und die Mode dehnte sich bald auf andre Städte und über das ganze Reich aus, weckte hier Begeisterung, dort Gelächter, entzückte Greise wie Backfische, gab den Witzblättern Stoff für manche Jahre und lief als große Mode über ganz Europa. Man lächelt, indem man sich dies vorstellt. Aber es waren in jener wunderlichen Zeit andre, ganz ähnliche Spiele allgemein im Schwang, und während der ganze Erdteil in Krämpfen lag, während alle paar Monate die Politiker, um ihren verrosteten Apparat wieder in Erinnerung zu bringen, ihre Völker zu Abstimmungen lockten, bei welchen »für immer die Geschicke unsrer Nation entschieden« wurden, und die Vorbereitungen zu solchen inhaltslosen aber aufregenden Wahlen Hunderttausenden von organisierten Knüttelschlägern Gelegenheit zum Ausüben des Totschlags gaben — während all dieser Vorgänge saßen eben die Völker, über deren Zukunft angeblich morgen entschieden wurde, über die Sonntagsbeilagen von Zeitungen gebückt und lösten Kreuzworträtsel: ein Spiel, dessen Erklärung hier zu weit führen würde, das aber sowohl seiner Art wie seinem geistigen Gehalte nach dem Klaiber'schen Spiele sehr nahe stand. Mag all dies heute wunderlich und wie ein Lügenmärchen anmuten, es war eben doch so. Um sich eher in die Denkart und Psychologie jener Menschen zurückfühlen zu können, erinnere man sich daran, daß unter den Füßen dieser Quartettspieler und Kreuzwortfreunde der Boden klaffte und das Nichts drohte, und man vergesse auch nicht: diese Menschen, die sich nicht entschließen konnten, die Politik aus den Händen einiger infantiler Streber in die eigenen zu nehmen, und die zu Zeiten kaum über die Straße gehen konnten ohne von Bewaffneten angebrüllt, in den Bauch getreten und häufig auch getötet zu werden — diese Menschen, die sich so sehr an ihre Bildung und Kultur klammerten, standen dem Tode, dem Schmerz, dem Hunger vollkommen schutzlos gegenüber; diese Menschen, welche Automobile lenken und schwierige Kartenspiele spielen lernten und äußerst kluge und raffinierte

Methoden der Steuerhinterziehung beherrschten und neu erfanden, sie gönnten sich die Mühe und Zeit nicht, sich gegen die Furcht stark zu machen, die Angst vor dem Tod in sich zu entkräften, sie lebten dahin und hatten eigentlich immerzu Angst. Daraus erklärt sich mancher Zug im öffentlichen und privaten Leben jener Zeit, der uns unglaublich und grotesk erscheint und wegen dessen wir zuweilen von den Menschen jener Zeit ähnlich sprechen wie diese selbst einst von den Menschen des »Mittelalters« sprachen: als seien es Menschen geringen Grades, ohne Verstand, ohne Ahnung, hoffnungslose Dummköpfe. Nein, jene Menschen waren keineswegs Dummköpfe, sie hatten eine Menge Verstand, wenn sie ihn auch auf Dinge anwendeten, welche uns heute wenig interessieren. Weiß Gott, ob nicht unsre heutige Zeit, die wir als so überlegen und klug empfinden, von späteren Jahrhunderten ebenso belächelt werden wird wie die Klaiberzeit von uns.

Also das Hübsche an Klaibers Künstlerkartenspiel war seine Unbegrenztheit und Beweglichkeit: es konnte jede Familie, jeder Freundeskreis, jede kleine oder große Gesellschaft sich ihr eigenes Spiel herstellen und bald darauf ein neues und so fort. Es gab Spiele mit Tausenden von Karten, sie enthielten außer den Künstlern auch noch die Philosophen, Mathematiker, Staatsmänner, Erfinder, Forscher, Sportleute und Schauspieler. Diese sich ins Uferlose verlierenden Massenspiele jedoch hielten sich nicht lange. Desto beliebter wurden die Spezialspiele, deren es bald unzählige gab und deren immer wieder hübsche neue erfunden wurden. Ein musikalischer Kreis in Frankfurt machte den Anfang mit einem Kartenspiel: »Deutsche Kammermusik um 1780«. Hier trug jede Karte außer Künstlernamen und Opus auch noch in Notenschrift eines der Hauptmotive des Werkes, und wenn musikalische Menschen dieses Spiel spielten, so fragten sie einander die Karten nicht mit Worten ab, sondern jeder sang, pfiff oder summte das fragliche Motiv, oft antwortete der Befragte, indem er eine Begleitstimme dazu sang und nicht selten wurden von einem schönen Thema alle gepackt, vergaßen für eine

Weile die Karten und summten mehrstimmig das zitierte Stück, soweit sie sich seiner erinnern konnten. Man kann sagen: die Einführung der Notenschrift war der Beginn für die Entwicklung des Spieles aus einer Spielerei zum Kult und zum Ausdruck einer Gesinnung.

In anderen Kreisen wurde das Spiel auf andre Gebiete angewandt, auch auf wissenschaftliche, ohne besondere Resultate zu ergeben. Zuletzt erst wurde es auf die Mathematik ausgedehnt, und diese letzte Abzweigung war es, welche dem Spiel allmählich ganz neue Unterlagen und Bedeutungen gab.

Immerhin war also schon in jenen Anfangsjahren Klaibers »Literatur- und Kunstspiel«, wie er selbst es nannte, nicht unbeträchtlicher Sublimierungen fähig: es hätte sich als bloßes Schöntun mit Bildungsbrocken selbst in jener geistig so anspruchslosen Zeit schwerlich solcher Beliebtheit erfreuen können. Plinius Ziegenhalß, der in seiner genialen Schrift »Vorläufige Bemerkungen zu einer geistesgeschichtlichen Betrachtung Europas ums Jahr 2000« dem Glasperlenspiel ohne Nennung von Klaibers Namen einige beachtenswerte Seiten widmet, sagt u. a.: »Die Volkstümlichkeit dieses in seiner ursprünglichen Form beinahe geistlosen Spieles mag sich so erklären: es war in der Generation seit 1900, in rasch zunehmendem Tempo vom Jahre 1918 an im gebildeten Bürgertum von ganz Europa ein Gedanke oder vielmehr eine Stimmung zur Vorherrschaft gelangt, mit welchem einzelne geniale Vorläufer wie Nietzsche einige Jahrzehnte früher vollkommen unverstanden geblieben waren, der Gedanke nämlich, daß nicht nur unsre Kultur im Greisenalter stehe und keine Blüten mehr treiben könne, sondern daß auch das ganze geistige und moralische Gerüste unsres Lebens morsch und verfault und dem Einsturz nahe sei. Die an sich richtige Einsicht in den Prozeß der Mechanisierung und in die Unwiederbringlichkeit des Schönsten, was diese Kultur einst gewesen war und geschaffen hatte, war beinahe ausschließlich eine pessimistische, und hatte bisher vergessen, auch die positiven und angenehmen Seiten dieses Spätzustandes unsrer Kultur wahrzunehmen. Eines der positiven, ja eins der höchsten Güter dieser Epoche nun drang aus dem Wissen Weniger zu jenen Zeiten in das Bewußtsein Vieler, und daran hatte das Bildungs-Kartenspiel den stärksten Anteil. Es diente wie kein anderes Mittel der Verbreitung des Bewußtseins, daß unser Spätzustand zwar ein seniler und unschöpferischer sei, daß er aber dafür einen Überblick und ein freies intellektuelles Verfügen über sämtliche Schätze der gewesenen eigenen wie der gewesenen fremden Kulturen ermögliche, wie es ähnlich vielleicht am letzten Ende der antiken Kultur die alexandrinische Epoche besaß.«

So Ziegenhalß. Und wir müssen ihm recht geben. Das Klaibersche Kartenspiel brachte es Tausenden zum Bewußtsein, daß sie späte Erben eines unausschöpflich reichen Schatzes seien, den sie zwar vielleicht nicht mehr durch neue Schöpfungen vermehren, dafür aber unter Benützung zahlreicher hochgezüchteter geistiger und technischer Methoden spielend genießen könnten. Wenn ich die Zeit Klaibers oben geistig anspruchslos genannt habe, so war sie ja dennoch im Besitz von höchst verfeinerten Methoden und Kunstgriffen, nur verfügte sie gerade in Klaibers Epoche über diese Güter mit einer gewissen spielerisch-kindischen Sorglosigkeit, ohne daran zu denken, daß auch die besten Methoden der Kontrolle und Kritik bedürfen und daß das Fahrenkönnen in einem Flugzeug oder Auto noch lange nicht dasselbe bedeutet wie etwa das Erfindenkönnen dieser hübschen Maschinen. Während die technische Schulung der damaligen Generation zwar schon im Niedergehen, aber immerhin noch auf einer sehr hohen Stufe war, war ihre geistige Schulung von einer Seichtigkeit und Verwahrlosung, von der jeder sich leicht einen Begriff machen kann, wenn er sich des Rundfunks und seiner damaligen Verwaltung und Programme erinnert, wo unter amtlicher Leitung von Gelehrten und Schulmännern ein wahrhaft kannibalisches Umsichwerfen mit wahllos durcheinandergemischten Kulturbrocken und Kulturabfällen nicht nur geduldet wurde, sondern Genugtuung und Bewunderung erweckte. Die Folgen dieser Zustände erwiesen sich ja denn auch als verhängnisvoll genug. Wir erinnern daran, daß der schon zitierte Plinius Ziegenhalß, welchem niemand vorwerfen kann, daß er zu übertriebenen Ausdrücken neigte, in mehreren seiner Arbeiten jene Epoche stets als »die feuilletonistische« bezeichnet.

Eben diesem »feuilletonistischen« Zeitalter nun entsprach das Klaibersche Bildungskartenspiel in hohem Maße. Zugleich aber trug das Spiel wesentlich dazu bei, den »gebildeten« Schichten die Augen zu öffnen für die Schatzkammern der Vergangenheit und für die Möglichkeit, mit diesen Schätzen höchst erfreuende, mannigfache und sinnvolle Spiele zu spielen, statt sie entweder zu vergessen und verkommen zu lassen oder sich in leidvoller und unfruchtbarer Anstrengung um das Erzeugen neuer Schätze von ähnlicher Art zu bemühen.

Mit dem Ende der Klaiberschen Generation hatte der bürgerliche »feuilletonistische« Geistesbetrieb seinen letzten Tiefstand erreicht: was in Vorträgen, Zeitungen und Büchern um 1950 geleistet und von der Menge bewundert wurde, unterbietet das gewiß bescheidende Niveau von 1930 noch um ein Erhebliches.

[*Auf der Rückseite eines Briefes des Würzburger Generalanzeigers an Hesse vom 1. 8. 1932 notiert:*]

Es lebten zwar auch damals einige Gelehrte von hohem Rang, doch war im ganzen die höhere Schule einschließlich der Universität auf einen furchtbaren Grad von Verantwortungslosigkeit gesunken, und die einfachsten Gebote intellektueller Redlichkeit schienen vergessen worden zu sein. Als Beispiele für die rührend-lächerliche sowohl wie für die verderbte Seite dieser Zustände an den Hochschulen (deren Schüler übrigens nach Belieben streikten, demonstrierten, die Lehrer am Leben bedrohten usw.) nennen wir zwei um 1950 erschienene umfangreiche Bücher deutscher Professoren, welche beide als Kuriosa eine gewisse Berühmtheit behalten haben. Das eine, rührende, ist Professor Lankhaar's zweibändiges, über 1500 Seiten Quart umfassendes Werk »Die Kriegsschuldlüge«. In diesem Werk widerlegt Lankhaar gewisse, schon damals von der ganzen Welt

31

vergessene oder belachte Vorwürfe, welche während des Weltkrieges von 1914 gegen das deutsche Volk, seine Führer, seinen Charakter usw. von den damaligen Feinden erhoben worden waren. Es waren damals Schimpfnamen für die Deutschen, denen man die Schuld am Ausbruch des großen Krieges zuschrieb, in Menge im Umlauf, man nannte sie Hunnen, Vandalen, Kannibalen, wie denn auch die Deutschen selber ihren Feinden keine Schmeichelnamen gaben, man findet sie alle, den »falschen Gallier«, den »feigen Briten«, die »italienische Felonie« usw., übrigens in Lankhaar's dickem Werk mit einer gewissen knabenhaften Wonne häufig angewendet. Dieser Gelehrte also beweist einer Welt, in welcher an die Schimpfereien von 1914 oder 1918 kein Mensch mehr dachte, um 35 Jahre zu spät die vollkommene Unschuld des deutschen Volkes, des deutschen Kaisers, der deutschen Generalität und Diplomatie, und wies aufs deutlichste die beiden einzigen Schuldigen nach, nämlich den vor manchen Jahrhunderten verstorbenen französischen König Ludwig XI. und einen inzwischen völlig vergessenen französischen Beamten namens Théophile Delcassé. Im hohen Alter von 82 Jahren legte Lankhaar sein Werk der Welt vor, um gleich darauf zu sterben, mit Rührung erzählte man sich, daß einzig das Bewußtsein seiner hohen Aufgabe ihn so lange am Leben erhalten habe. Während dies wunderliche Werk eines versponnenen Greises im Auslande schwerlich auch nur einen einzigen Leser gefunden hat und von der europäischen Presse mit einem gewissen achtungsvollen Mitleid beschwiegen wurde, erlebte das Werk in Deutschland, obwohl auch hier niemand es las, einen Ruhm, der wohl zwei Jahrzehnte anhielt, denn das Buch wurde von den politischen Condottieri, die einander im Redenhalten und Putschen ablösten, als Fundgrube benutzt.

Weit schlimmer steht es mit einem anderen Buch, das ein Hochschulprofessor Schwentchen damals herausgab, mit dem Titel »Das grüne Blut«. Es lebte damals ein Jugendführer, Verschwörer und Abenteurer namens Litzke, der mehr als zehn Jahre lang als Deutschlands »heimlicher Kaiser« galt und sich

selber gern so nennen hörte. Er war es, der die durch Rassenlegenden allen Denkens entwöhnte Jugend durch die neue, von
ihm erfundene Legende vom »grünen Blut« beschenkte. Dies
grüne Blut, so hieß es, sei die mystische, einem heiligen Stigma
gleichzusetzende Auszeichnung weniger, nämlich der aus mindestens 30 Generationen reinen Germanenstammes entsprossenen echten Führernaturen. Viele der alten deutschen Kaiser
hätten es gehabt, und da und dort an ruhmreichen Stellen der
deutschen Geschichte wurde es nachgewiesen, auch Bismark
sollte es besessen haben, und natürlich besaß es auch Litzke,
der heimliche Kaiser. Niemand wagte der Legende öffentlich zu
widersprechen, man war an Terror gewöhnt und wußte, daß
man sein Leben wagte, wenn man den Unwillen der fanatisierten Jugend auf sich zog. Aus Feigheit und Bequemlichkeit
hatten die Gelehrten längst darauf verzichtet, irgendwelche
Kritik an der Mentalität zu üben, von welcher sie regiert und
besoldet wurden. Aber Prof. Schwentchen ging weiter, er
schrieb sein Buch »Das grüne Blut«, zitierte darin Zarathustra
und Manu, entlehnte Worte aus dem Sanskrit, dem Sumerischen, dem Griechischen, Wörter, die er selber gar nicht lesen
konnte, denn sein Gebiet war die Wissenschaft des Tennisspiels, aber er war immerhin Hochschullehrer, hatte einen Teil
der Jugend auf seiner Seite und erreichte, was er erstrebt hatte:
dafür, daß er dem »grünen Blut« seinen professoralen Segen
verlieh, wurde er rasch bis zu hohen Ehrenstellen befördert,
eine Zeitlang hörte man ihn jede Woche im Rundfunk sprechen, und verwöhnt durch Titel, Fackelzüge, Berühmtheit und
Wohlleben, verlernte er das Tennisspiel, das er eigentlich lehren
sollte, so sehr, daß eine andere Professur für ihn geschaffen
werden mußte.

Zugleich mit dem kindlich zuchtlosen Herumspielen der Klai-
bergeneration erreichte die Produktion an Kunst, an imitierten
Dichtungen, an imitierter Musik, imitierter Malerei ungeheure
Ziffern; es war, als wolle Europa in einer letzten Anstrengung
sich selber beweisen, daß seine Kultur noch schöpferisch sei.
Überraschend schnell brachte die darauf folgende Generation

den Umschwung: einerseits eine in vielen kleinen und kleinsten Kulturherden neu beginnende Geisteszucht von oft asketischer Strenge, andrerseits ein beinah völliges Verzichten auf das Produzieren von Kunst: denn Kunst und Feuilleton waren eins geworden.

Inzwischen machte das Klaibersche Spiel manche Wandlungen durch, welche im einzelnen zu verfolgen hier nicht notwendig scheint. Es kam unter andrem auch die Mode auf, die gewonnenen Punkte beim Spiel durch Glasperlen auszudrücken, es wurden blaue Perlen für die Dichter, weiße für die Musiker u.s.w. verwendet, und es gab Perlen von verschiedener Größe, welche verschiedenen Punktzahlen entsprachen. Die Gewinner bewahrten ihre Perlen auf, tauschten die niederen Werte allmählich gegen höhere ein und sammelten allmählich ganze Schnüre voll davon. In vielen Städten galt es für eine Ehre, Besitzer der meisten Glasperlen zu sein. Wir konnten nicht feststellen, ob diese nebensächliche Sitte noch auf den Oberrechnungsrat Klaiber zurückgeht, es ist möglich, daß er sie nicht mehr erlebt hat. Aber wie so oft hat auch hier eine langdauernde und bedeutungsvolle Einrichtung ihren Namen von einer vergänglichen Nebensache empfangen. Der Name Klaibers ist seit anderthalb Jahrhunderten vergessen und sein »Literatur- und Kunstspiel« auch, aber das, was aus seinem Spiel seither geworden ist, trägt heute noch den volkstümlich gewordenen Namen »Glasperlenspiel«.

War die erste ernstliche Verfeinerung des Spieles bei seiner Spezialisierung auf die Musik entstanden, so war es jener Wissenschaft, welche als letzte und erst nach Jahrzehnten das Spiel in ihre Kreise einließ, vorbehalten, seine Vergeistigung zu vollenden: der Mathematik. Es begann unter Studenten, zunächst noch als reines Gesellschaftsspiel, die Terzette und Quartette trugen dabei die Namen von großen Mathematikern und den von ihnen aufgestellten Formeln oder aber die Namen von Weltkörpern mit ihren Maßen und Umlaufzeiten. Bald aber blieben von alledem nur die Formeln übrig; die Spieler bedienten einander, sie gegenseitig entwickelnd, mit diesen abstrakten

Formeln, spielten einander Entwicklungsreihen und Möglichkeiten ihrer Wissenschaft vor, und niemand dachte mehr daran, ein Quartett abzulegen und Glasperlen zu gewinnen. Das Spiel mit den Formeln erforderte eine ganz besondere Aufmerksamkeit, Wachheit und Konzentration, unter den Mathematikern galt schon damals der Ruf eines guten Glasperlenspielers sehr viel, denn er war gleichbedeutend mit dem eines sehr guten Mathematikers. Dies war der zweite große Aufschwung in der Geschichte unsres Spieles. Bei den Mathematikern und Astronomen noch weit mehr als einst bei den Musikliebhabern verlor es seinen ursprünglichen Charakter eines Spieles um des Gewinnens willen und einer leeren Bildungsparade. Zugleich mit der »feuilletonistischen« Epoche war auch Klaibers Dichter- und Künstlerspiel zu Ende oder verlor doch seine Geltung. An seine Stelle trat, jetzt aber nicht mehr als anspruchsloses Spiel ganzer Gesellschaftskreise, sondern gepflegt und fortgebildet von den Auserwählten, geführt von der Königin der Wissenschaften, jenes Spiel der Formel-Dialoge. Man spielte es eifrig und schon mit der Vorahnung seiner spätern, beinahe religiösen Bedeutung in allen mathematischen Seminaren Deutschlands, welche, gleich den Klöstern im frühen Mittelalter, in der Zeit nach dem Zusammenbruch des Feuilletonismus die wichtigsten Pflegestätten des geistigen Lebens wurden. Es hatte ja schon etwa von 1960 an, vorerst im engen Kreise einer geistigen Elite, jene Abwendung vom Feuilleton (und auch von der Kunst) begonnen und zugleich jene Hinwendung zu den exaktesten Übungen des Geistes, der wir die Entstehung einer neuen geistigen Zucht von mönchischer Strenge verdanken. Die jungen Menschen, welche sich geistigen Studien widmen wollten, konnten und wollten jetzt nicht mehr an den Hochschulen herumnaschen, wo ihnen von redseligen Professoren ohne Autorität die Reste der einstigen höheren Bildung in angenehmen Dosen dargereicht wurden; sie mußten jetzt ebenso streng und noch weit strenger lernen und sich plagen, als es einst die Ingenieure gemußt hatten, sie hatten einen steilen und engen Weg zu gehen, mußten an der Mathematik und an aristotelisch-scholastischen Übungen ihr Denkvermögen reinigen und steigern und mußten außerdem auf alle die Güter vollkommen verzichten lernen, welche vor ihnen von einer Reihe von Gelehrtengenerationen als die erstrebenswertesten gegolten hatten: auf raschen und leichten Gelderwerb, auf Ruhm und Ehrungen in der Öffentlichkeit, auf das Lob der Zeitungen, auf Ehen mit den Töchtern der Bankiers und Fabrikanten, auf Behagen und Luxus im materiellen Leben. Die »Dichter« mit den hohen Auflagen und hübschen Villen, die großen Mediziner mit den Orden und den Livreedienern, die Akademiker mit den reichen Gattinnen und den glänzenden Salons, die Chemiker mit den Aufsichtsratsstellen in der Industrie, die Philosophen mit den Feuilletonfabriken und den hinreißenden Vorträgen in überfüllten Sälen mit Applaus und Blumengaben — alle diese Figuren verschwanden und sind bis heute nicht wiedergekommen. Wohl gab es noch junge Talente genug, welchen diese Figuren beneidete Vorbilder waren, aber die Wege zur öffentlichen Ehrung, zum Reichtum und Luxus führten nicht mehr durch Hörsäle und Seminare, die tief gesunkenen geistigen Berufe hatten in der Welt Bankrott gemacht und hatten dafür durch eine büßerisch-fanatische Hingabe den Geist wieder erobert. Jene Talente, welche mehr nach Berühmtheit und Wohlleben strebten, wandten der unliebenswürdig gewordenen Geistigkeit den Rücken und suchten die Berufe auf, welchen das Wohlergehen und Geldverdienen überlassen worden war.

Während, von Deutschland aus sich ausbreitend, diese uns allen aus der Geschichte wohlbekannten Umwälzungen sich vollzogen, erlebte das Glasperlenspiel, von den Mathematikern ins Geistige hinüber gerettet, nochmals einen entscheidenden Aufschwung und neuen Antrieb, und zwar durch seine Verbindung mit der Musik. Ein Schweizer Musikgelehrter, zugleich fanatischer Liebhaber der Mathematik, gab dem Glasperlenspiel, das schon damals aus der Gesellschaft verschwunden und eine esoterische Übung geworden war, die Möglichkeit zu seiner höchsten Entfaltung. Sein bürgerlicher Name ist nicht mehr zu ermitteln, seine Zeit kannte den Kult der Person auf den geistigen Gebieten nicht mehr, in der Geschichte lebt er als Ignotus Basiliensis fort. Seine Erfindung, wie jede große Erfindung, war zwar durchaus seine persönliche Leistung und Gnade, kam aber keineswegs nur aus seinem privaten Bedürfnis und Streben, sondern war von einem stärkeren Motor getrieben. In den Kreisen der Geistigen seiner Zeit war überall ein leidenschaftliches Verlangen nach einer Ausdrucksmöglichkeit für ihre neuen Denkinhalte lebendig, die Mathematik allein genügte nicht, man sehnte sich nach einem neuen Alphabet, einer neuen Zeichensprache, in welcher es möglich wäre, die neuen geistigen Erlebnisse festzuhalten und mitzuteilen. Zeugnis davon gibt mit besonderer Eindringlichkeit die Schrift eines Gelehrten in Paris aus dem Beginn des 21. Jahrhunderts, mit dem Titel »Mahnung an China«. Der Autor dieser Schrift, zu seiner Zeit von vielen als ein Don Quichotte bespöttelt, übrigens ein bedeutender Gelehrter auf seinem Gebiete, der chinesischen Philosophie, setzt auseinander, welchen Gefahren die Wissenschaft trotz allen neuen Aufschwunges entgegengehe, wenn sie darauf verzichte, eine internationale Zeichensprache auszubauen, welche ähnlich der chinesischen Schrift es erlaube, das Komplizierteste ohne Ausschaltung der persönlichen Phantasie und Erfinderkraft in einer Weise graphisch auszudrücken, welche allen Gelehrten der Erde verständlich wäre. Den wichtigsten Schritt zur Erfüllung dieser Forderung nun hat Ignotus Basiliensis getan. Er erfand für das Glasperlenspiel eine neue Sprache, eine Zeichen- und Formelsprache, an welcher die Mathematik und die Musik gleichen Anteil hatten, in welcher es möglich wurde, eine astronomische und eine musikalische Formel zu verbinden, Mathematik und Musik gewissermaßen auf einen gemeinsamen Nenner zu bringen. Wenn auch die Entwicklung damit keineswegs abgeschlossen war, wenn auch später die Spielsprache sich noch weitere Gebiete hinzu eroberte — den Grund zu dem allem hat, in der Zeit um 2030, der Baseler Unbekannte gelegt.

[*Auf der Rückseite eines Briefes an Hesse vom 16. Juni 1931:* Hatten lange Zeit nur bürgerlich-philiströse Kreise sich dem Spiel ergeben, so zog es von jetzt an die Geistigen an, die Gelehrten, die Studenten, manche Künstler. Manche alte Akademie, manche Loge wendete sich ihm zu, besonders widmete sich ihm der Jahrhunderte alte Bund der Morgenlandfahrer. Aber auch einige der katholischen Mönchsorden witterten hier eine neue Geistesluft und ließen sich von ihr entzücken, namentlich wurde in manchen Benediktinerklöstern dem Spiele so viel Teilnahme gewidmet, daß schon bald die Frage gestellt wurde, ob eigentlich dies Spiel sich mit Kirche und Christentum vertrage; die Frage ist bis heute weder verstummt noch ist sie entschieden worden, denn...]

Seit dieser Großtat hat das Glasperlenspiel sich rasch vollends zu dem entwickelt, was es heute ist: zum Inbegriff des Geistigen, zum sublimen Kult und Dienst, zur Verwirklichung der universitas litterarum. Seine Rolle im Geistesleben entspricht etwa der Rolle, welche in früheren Epochen die Kunst gespielt hat. Wenigstens wurde das Spiel nicht selten mit einem Ausdruck bezeichnet, welcher aus der Dichtung der Klaiberzeit stammt und für jene Zeit das Sehnsuchtsziel manches vorahnenden Geistes benannte, mit dem Ausdruck: Magisches Theater. War das Spiel nun seit seinen Anfängen an Umfang des Stoffes ins Unendliche gewachsen und, was die geistigen Ansprüche an die Spieler betrifft, zu einer hohen Wissenschaft geworden, so fehlte ihm in den Zeiten des Baslers doch noch etwas Wesentliches. Bis dahin nämlich war jedes Spiel ein Aneinanderreihen von konzentrierten Vorstellungen aus allen Gebieten des Wissens und Denkens gewesen, ein Sicherinnern an überzeitliche Werte und Formen, eine virtuose Führung durch die Reiche des Geistes. Erst nach...[1] kam allmählich aus dem geistigen Inventar des Erziehungs- und Studienwesens auch der Begriff der Kontemplation mit in das Spiel. Es hatte sich der Übelstand gezeigt, daß Gedächtniskünstler ohne andre

1 Jahreszahl hier noch nicht eingesetzt.

Tugenden virtuose Spiele spielen und die Teilnehmer durch das rasche Nacheinander zahlloser Anklänge verblüffen und verwirren konnten. Allmählich fiel dieses Virtuosentum mehr und mehr unter strenges Verbot, und die Kontemplation wurde zu einem sehr wichtigen Bestandteil des Spieles. Nach jedem Zeichen nämlich, das der Spieler beschworen hatte, wurde über Sinn, Herkunft und Gehalt dieses Zeichens eine stille strenge Betrachtung abgehalten, welche jeden Spieler zwang, sich die Inhalte des Zeichens intensiv gegenwärtig zu machen. Dadurch wurden die Spiel-Hieroglyphen davor bewahrt, zu bloßen Buchstaben oder Arabesken zu entarten.

Längst vorüber aber und für uns Heutige halb lächerlich, halb rührend geworden ist die Zeit, in welcher das Glasperlenspiel oder sein primitiver Vorfahr, in bürgerlichen Salons von Herren und Damen als Abendbelustigung gespielt wurde. Heute spielen es, unter andächtigem Horchen der Eingeladenen und unter der gespannten Aufmerksamkeit von Zuhörern in allen Teilen der Welt, die paar Dutzend auserwählten Geister der Erde, manches dieser Spiele hat eine Dauer von Monaten, und während es zelebriert wird, leben die Mitspieler sowohl wie die Zuhörer und Zuschauer nach strengsten Regeln ein selbstloses und enthaltsames Leben, vergleichbar dem genau geregelten, büßerischen Leben, welches die Teilnehmer der Übungen des heiligen Ignatius während ihrer Buß- und Meditationszeit führen.

Die dritte Fassung*
(1932)

Die Dichtung, in deren Mitte die Idee des Glasperlen-Spieles steht, hängt mit der »Morgenlandfahrt« zusammen, ihre ersten Anfänge stammen vom Ende des Jahres 1930.

Die Einleitung, die ich als Kuriosität hier zur Aufbewahrung gebe, wurde dreimal geschrieben. Die hier vorliegende ist die dritte Fassung, sie wurde im Frühsommer 1932 vollendet, nahezu ein Jahr vor den deutschen Ereignissen vom März 1933.

Da diese Einleitung heute in Deutschland nicht gedruckt werden könnte, habe ich im Mai und Juni 1934 eine vierte, zum Teil veränderte Fassung vollendet.[1]

Montagnola im Juni 1934   *Hermann Hesse*

(Notiz auf dem Vorsatzblatt)

1 Auch mit der »vierten« und endgültigen Fassung der Einleitung konnte das Buch in Deutschland nicht erscheinen. Die Erstausgabe erschien 1943 in der Schweiz, die erste deutsche Ausgabe erst nach der Verleihung des Nobelpreises, Ende November 1946. Der Titel der im folgenden publizierten dritten Fassung »Vom Wesen und von der Herkunft des Glasperlenspiels« ist ein Arbeitstitel. Im Original trägt das Manuskript keine Überschrift.

Vom Wesen und von der Herkunft
des Glasperlenspiels

Um der Geschichte Knechts willen machen wir den Versuch
einer kurzen, volkstümlichen Darstellung vom Wesen und der
Herkunft des Glasperlenspiels, dessen Name jeder schon oft
gehört hat, und über dessen eigentliche Beschaffenheit in nicht-
gelehrten Kreisen dennoch so sehr widersprechende Meinungen
zu hören sind. Man erwarte also von uns nicht eine vollständige
Geschichte und Theorie des Glasperlenspieles, wir möchten uns
dagegen ausdrücklich verwahren; auch würdigere und geschicktere Autoren wären dazu heute nicht imstande, diese
gewaltige Aufgabe wird einem späteren Zeitalter vorbehalten
bleiben, falls die Quellen sowie die geistigen Voraussetzungen
dazu nicht vorher verlorengehen, und sie wird dann vermutlich
viele Kulturhistoriker und Philosophen beschäftigen. Vorerst
läßt sich darüber beinahe nur in Andeutungen und Abkürzun-
gen sprechen, denn die große Mehrzahl der Gebildeten hat zwar
eine ungefähre Vorstellung vom Wesen des Glasperlenspieles,
ist in seine Regeln und Geheimnisse aber nur sehr oberflächlich
eingeweiht, und die kleine Zahl der vollkommen Eingeweihten
dürfte wenig Lust haben, ihr Wissen auszuplaudern, falls es
ihnen nicht sogar verboten ist. Wir beschränken uns daher, was
die Geschichte des berühmten Spieles betrifft, auf die Mitteilung jener Tatsachen, welche unbestritten feststehen — und
vielleicht ist sogar schon hier Geschichte und Legende nicht mit
absoluter Genauigkeit zu trennen. Wir beginnen mit der sehr
banalen Vorgeschichte des Spieles, das heute mit seinen Anfängen kaum mehr irgendwelche Verwandtschaft zeigt, und versuchen im Fortgang ungefähr dasjenige über das Glasperlenspiel mitzuteilen, was heute etwa der Vorstellung der höher
Gebildeten von dieser Materie entspricht. Wir sind Verehrer des
Spieles, aber wir sind Laien und gehören nicht seinem engsten
Kreise an. Darum ist es uns auch unbekannt, ob es, wie die
Sage geht, eine Geschichte des Spieles und aller seiner Regeln

schon gebe, abgefaßt zwar nicht in Worten, sondern in den Formeln des Spieles selbst, welche nur den Eingeweihten lesbar sind. Man hört gelegentlich von einem solchen Codex sprechen, welcher von Generation zu Generation von den jeweiligen Spielleitern und deren Beamten weitergeführt werde und welche dem engsten Kreise der Spieler selbst lesbar und wohlbekannt sei. Wir haben jedoch gute Gründe, dies für eine der vielen Legenden zu halten, mit welchen die Neugierde des Volkes und der Neid der Nichteingeweihten diesen Gegenstand umwerben.

Eines scheint unumstößlich festzustehen: daß das Glasperlenspiel seine Herkunft und seinen wunderlichen Namen einer längst vergangenen und recht wenig rühmlichen Epoche verdankt, nämlich dem Deutschland der Zeit um 1940, und daß es seit jenen sehr bescheidenen, ja lächerlichen Anfängen eine ungeheure Entwicklung, Verfeinerung und Vertiefung erlebt hat, wie sie ähnlich wohl nur in der griechischen Philosophie bis zu Sokrates, und dann wieder in der Glanzzeit der deutschen Musik, etwa von 1600 bis gegen 1800, vorkommt.

Als »Erfinder« und Begründer des Spieles ist ein Reinhold Klaiber anzusehen, ein Beamter mit dem Titel Oberrechnungsrat in Frankfurt am Main, seine »Erfindung« läßt sich ziemlich genau auf die Zeit um 1940 datieren. Mag seither aus den harmlosen Anfängen etwas völlig anderes, mit ihnen nicht mehr Vergleichbares geworden sein, das Verdienst, zu einem so erstaunlichen und vielfältigen Phänomen den ersten Anstoß gegeben zu haben, gebührt doch eben jenem Reinhold Klaiber, und wir müssen uns einen Augenblick bei ihm aufhalten, obwohl über seine Person nicht allzu viel bekannt ist, und obwohl diese Person, eine typische Durchschnittsfigur aus dem damaligen Europa und Deutschland, unser Interesse kaum zu verdienen scheint. Es liegen uns aus seinem Sterbejahr, dem Jahr 1959, einige Nekrologe vor, die wir benützen, ohne uns freilich zu wörtlichen Zitaten entschließen zu können, denn jeder Historiker kennt ja das Niveau jener Zeit und ihrer Organe, der Zeitungen. Klaiber stammte aus einer Familie im unteren Neckartal, welcher eine große Zahl von mittleren und höheren Staatsbeamten sowie mehrere angesehene Industrielle entstammten. Als er nach den üblichen Schul- und Studienjahren seine Beamtenlaufbahn begann, war er bereits im Besitz eines mäßigen, wohlangelegten Vermögens und heiratete etwa zehn Jahre später die einzige Erbin eines Berliner Großkaufmanns. Im Klaiberschen Hause in Frankfurt verkehrte, wenn auch nicht die geistige Elite, so doch ein Teil der dortigen Gelehrten und eine Anzahl gebildeter Bürgerfamilien. Es war ein angesehener Kreis von ausgesprochen bürgerlicher Kultur, mit literarischen und künstlerischen Interessen, der Politik eher fremd und mit den Wissenschaften jener Zeit oberflächlich bekannt, ein Haus und Kreis wie es im damaligen Deutschland gewiß noch viele gab, dessen Typus für jene Zeit aber nicht mehr eigentlich charakteristisch, ja in manchem Sinne rückständig war. Er wirkt im ganzen eher wie ein harmloses Überbleibsel des mittlern deutschen Bürgertums der Zeit vor dem ersten Weltkrieg. Einer gewissen Rückständigkeit war man sich übrigens in diesem Kreise durchaus bewußt, tat sich aber eher etwas darauf zugute, als daß man sich ihrer geschämt hätte; man legte in diesem Kreis durchaus keinen Wert darauf, in enger Fühlung mit dem Zeitgeist zu stehen, denn man hielt diesen Zeitgeist für höchst verdächtig und gefährlich, für bolschewistisch und für kulturfeindlich, und man war auf den Besitz von etwas Griechisch und Latein, von liberaler Humanität und Sinn für klassische Musik (zu welcher man aber auch noch Wagner, Brahms und andre verschollene Spätromantiker rechnete) ziemlich stolz, man las Goethe und gab musikalische Abende, alles ein wenig mit dem Gefühl und Anspruch, damit eine Insel und Burg inmitten einer entartenden und hinsiechenden Kultur zu bilden. Wie wenig man von dieser angeblich nahezu schon gestorbenen Kultur in Wirklichkeit besaß und ahnte, wußte man weder selbst, noch wußte es der Gegner. Der Politik gegenüber war man in halbwegs ruhigen Tagen von vornehmer Gleichgültigkeit, in stürmischen Zeiten von ängstlicher Ratlosigkeit, einzig gegen den sogenannten Bolschewismus war man seiner Haßgefühle sicher. Es war, man erinnere sich, mitten in jenen Jahrzehnten eines scheinbar unaufhaltsamen Niedergangs, in jenen Jahrzehnten, wo es Sitte war, politische Meinungsdifferenzen mit Schlagringen und Revolvern auszutragen, und wo in Deutschland ein vom Weltkrieg noch erschrecktes, angeblich republikanisch organisiertes Volk von Parteiprogrammen alle paar Monate ernst und angstvoll zur Wahlurne getrieben wurde, im Wahn vor wichtigen Entscheidungen zu stehen, während in Wirklichkeit sich nichts entschied, und nebst den Zeitungen eine Handvoll politischer Amateure den Rahm von dieser trüben Milch schöpfte.

An den Unterhaltungen dieses Kreises nahm auch Klaibers Frau regen Anteil und war bestrebt, in dieser mit verdünnter »Bildung« übersättigten Welt ebenbürtig zu erscheinen, hatte aber doch aus Vaterhaus und Jugend manche anderen Tendenzen und Gewohnheiten mitgebracht. So hatte sie Freude an komplizierten Kartenspielen und nahm bei einem emigrierten russischen Grafen Unterricht im Bridge, das damals Mode war. Sie suchte auch ihren Mann, seit er sich mit dem Titel Oberrechnungsrat hatte pensionieren lassen, für dieses Kartenspiel und diese Lektionen zu interessieren. Aber Klaiber, sonst Kavalier gegen seine Frau, mochte davon nichts wissen und erklärte oft in ausführlichen und schlechtgelaunten Reden, es scheine ihm ungereimt und recht geschmacklos, wenn erwachsene und gebildete Menschen, statt etwa Englisch zu lesen oder Vorträge zu hören, auf ein bloßes Kartenspiel, einen leeren Zeitvertreib, ein wahres Studium und eine Menge von Zeit, Eifer und Geld verwendeten. »Vorträge« waren zu Klaibers Zeit auf dem Höhepunkt ihrer Beliebtheit angekommen. Wir können uns schwer in die Mentalität jener Zeit zurückversetzen. Es war beispielsweise durchaus nicht etwa unmöglich und absurd, sondern selbstverständlich und kam jeden Tag vor, daß ein Professor oder Redakteur vor einigen Hundert Zuhörern einen »Vortrag« über irgendeinen Dichter, Gelehrten, Forscher, einen Maler oder Musiker hielt, für welchen kein einziger der Zuhörer sich so weit interessierte, daß er dessen

Werke und Leben anders als eben durch diesen einstündigen Vortrag kennen zu lernen gewillt war, und der denn auch beim übernächsten Vortrag schon wieder vergessen war. Man hielt und hörte Vorträge über Goethe, in welchen er im blauen Frack aus Postkutschen stieg und Straßburger oder Wetzlarer Mädchen verführte, oder Vorträge über arabische Kultur, in welchen eine Anzahl von intellektuellen Modeworten wie im Würfelbecher durcheinander geworfen wurde und jeder sich freute, so oft er eins von ihnen wiedererkannte. Man stand schon dicht vor jener grauenhaften Entwertung des Wortes, welche dann wenig später die heroisch-asketische Gegenbewegung hervorrief.

Klaiber nun, um seiner Frau das Bridgespiel zu ersetzen und um zugleich zu zeigen, wozu er kraft seiner Bildung befähigt sei, verwendete seine reichliche Mußezeit darauf, ein Gesellschaftsspiel für wahrhaft Gebildete auszudenken und herzustellen.

Dieses Spiel nun war eigentlich nichts Originales, war keine wirkliche Erfindung, sondern es lagen ihm als Vorbilder eine ganze Anzahl schon vorhandener Spiele zugrunde. Klaiber selbst hatte als Knabe im Vaterhaus mit seinen Geschwistern und der Mutter häufig ein Spiel gespielt, welches »Dichterquartett« geheißen hatte. Bei diesem Spiel hatten je vier Karten mit dem Namen eines Dichters und seiner bekanntesten Werke ein Quartett gebildet, man hatte z. B. beim Verteilen eine Karte mit dem Bildnis Schillers und dem »Tell« erhalten und mußte nun dazu womöglich die drei andern Schiller-Karten mit den »Räubern«, dem »Wallenstein« und der »Maria Stuart« zu erlangen suchen: gelang dies, so war ein Quartett vollzählig, wurde abgelegt und zählte für den Gewinner einen Punkt. Außerdem gab es in den Zeitungen jener Epoche eine Art von Rätselaufgaben, welche »Kreuzworträtsel« oder ähnlich hießen und von Hunderttausenden allen Ernstes gespielt wurden, und wobei es darauf ankam, einen italienischen Sängernamen mit sechs Buchstaben, einen sibirischen Flußnamen mit zwei Buchstaben usw. zu wissen und in vorgezeichnete Quadrate einzuschreiben.

Spielen solcher Art bildete Klaiber das seinige nach. Es war ein Kartenspiel mit berühmten Namen und Werken, nur waren außer den Dichtern seines Kinderquartetts auch Musiker, Maler und Baumeister aufgenommen, und es gehörten nicht jedesmal vier Karten zusammen, sondern manchmal auch drei, fünf oder sechs. Goethe z. B. und J. S. Bach füllten ein Sextett, während es für Lessing und Gluck nur ein Terzett gab. Jede Karte zeigte oben in großer Schrift und roten Buchstaben den Namen des Künstlers, samt den Daten und Orten seiner Geburt und seines Todes, sodann seine drei oder vier oder mehr »Hauptwerke«, deren eines rot unterstrichen war. Für dieses rot unterstrichene Werk galt die betreffende Karte. Links oben in der Ecke trug jede Karte einen Buchstaben: K bedeutete Komponist, D = Dichter, A = Architekt usw. Das Spiel war sehr umfangreich und konnte von einer ganzen großen Tischrunde gespielt werden. Die Karten waren von Klaiber selbst zweifarbig und in zweierlei Schriften geschrieben und sahen sehr sauber und ordentlich aus. Man kann die Überbleibsel des Klaiber'schen Originalspieles noch heute im Frankfurter Stadtmuseum sich zeigen lassen.

Alles in allem also war Klaibers Spiel eine sehr harmlose Spielerei, ein kleinbürgerliches Allerwelts-Bildungs-Kartenspiel, eine Art in Karten aufgelöstes Künstler- und Gelehrtenlexikon, und es reizt zum Lächeln, wenn man sich vorstellt, wie Herren und Damen um den Tisch herum einander fragten: »Bitte, haben Sie Schuberts Forellenquintett, Gruppe K?« oder »Können Sie mir den Palazzo Barberini von Bernini geben?« Es wurde aber trotzdem den Spielern nicht langweilig, denn einmal war es eine Art von Wahrzeichen und Devise: wer das Bildungsquartett spielte, gehörte zu den Gebildeten, zu den Altmodischen, zu den Trägern und Verteidigern der »Kultur«, der heiligen Tradition. Und dann hatte das Künstlerkartenspiel etwas Hübsches: es war nicht fertig im Laden gekauft, man machte es sich selber, es war unbegrenzt, man konnte es beliebig ausdehnen und einschränken, spezialisieren oder verallgemeinern. Das gefiel den Leuten sehr, und bald hatte in

Frankfurt jede Familie, die auf Bildung hielt, ihr eigenes Kartenspiel, oder deren mehrere, und die Mode dehnte sich bald auf andre Städte und über das ganze Deutschland aus, weckte hier Begeisterung, dort Gelächter, entzückte Greise wie Backfische, gab den Witzblättern neuen Stoff für Jahre und lief schließlich als große Mode über ganz Europa. Man lächelt, indem man sich dies vorstellt. Aber in jener Zeit der beginnenden Bürgerkriegs-Epoche scheint es in der Tat so ausgesehen zu haben: während der ganze Erdteil in Krämpfen lag, während alle paar Monate die Politiker, um ihren verrosteten Apparat wieder in Erinnerung zu bringen, ihre Völker zu Abstimmungen lockten, bei welchen »für immer die Geschicke unsrer Nation entschieden« wurden, und während aus den nichtigsten Anlässen jeden Augenblick Straßenkrawalle und Totschlägereien ausbrachen, — während all dieser Vorgänge saß die Hälfte eben dieser Völker feierabends über die Sonntagsbeilagen ihrer Zeitungen gebückt und löste Kreuzworträtsel. Das Klaiber'sche Spiel war also eher ein Fortschritt, eine bescheidene Veredelung. Mag all dies heute wunderlich und wie ein Lügenmärchen anmuten, es war doch so, wenigstens in Deutschland. Um sich eher in die Denkart und Psychologie jener Menschen zurückfühlen zu können, erinnere man sich daran, daß diese Quartettspieler und Kreuzwortfreunde sehr das Bedürfnis hatten zu vergessen, daß unter ihren Füßen der Boden klaffte und das Nichts drohte. Man vergegenwärtige sich: diese Menschen, die sich nicht entschließen konnten, die Politik aus den Händen einiger Streber in die eigenen zu nehmen, und die zuzeiten kaum über die Straße gehen konnten, ohne von Bewaffneten angebrüllt, in den Bauch getreten und häufig auch getötet zu werden, — diese Menschen, die sich so sehr an ihre Bildung und Kultur klammerten, standen dem Tode, dem Schmerz, dem Hunger vollkommen schutzlos gegenüber; diese merkwürdigen Menschen, welche das Lenken von Automobilen und das Spielen schwieriger Kartenspiele erlernten und äußerst kluge und raffinierte Methoden der Steuerhinterziehung beherrschten und neu erfanden, sie gönnten sich die Mühe und Zeit nicht, sich gegen die Furcht stark zu machen, die Angst vor dem Tod in sich zu bekämpfen, sie lebten zuckend dahin und hatten eigentlich immerwährend Angst. Daraus erklärt sich mancher Zug im öffentlichen und privaten Leben jener Zeit, der uns unglaublich und grotesk erscheint und uns dazu bringen kann, von den Menschen jener Zeit ähnlich zu sprechen, wie diese selbst einst von den Menschen des »Mittelalters« sprachen: als seien es Menschen geringen Grades, ohne Verstand, ohne Ahnung, hoffnungslose Dummköpfe. Nein, jene Menschen waren keineswegs Dummköpfe, sie hatten eine Menge Verstand, wenn sie ihn auch auf Dinge anwendeten, welche uns heute wenig interessieren. Weiß Gott, ob nicht unsre heutige Zeit, die wir als so überlegen und klug empfinden, von späteren Jahrhunderten ebenso belächelt werden wird wie die Klaiberzeit von uns.

Das Hübsche also an Klaibers Kartenspiel war seine Unbegrenztheit und Beweglichkeit: es konnte jede Familie, jeder Freundeskreis, jede kleine oder große Gesellschaft sich ihr eigenes Spiel herstellen und bald darauf ein neues und so fort. Es gab Spiele mit Tausenden von Karten, sie enthielten außer den Künstlern und Philosophen auch noch die Mathematiker, Staatsmänner, Erfinder, Forscher, Sportleute und Schauspieler. Diese sich ins Uferlose verlierenden Massenspiele jedoch hielten sich nicht lange. Desto beliebter wurden die Spezialspiele, deren es bald unzählige gab und deren immer wieder hübsche neue erfunden wurden. Ein musikalischer Kreis in Frankfurt machte den Anfang mit einem Kartenspiel »Deutsche Kammermusik um 1700«. Hier trug jede Karte außer Künstlernamen und Opus auch noch in Notenschrift eines der Hauptmotive des Werkes, und wenn musikalische Menschen dieses Spiel spielten, so fragten sie einander die Karten nicht mit Worten ab, sondern jeder sang, pfiff oder summte das fragliche Motiv, oft antwortete der Befragte, indem er eine Begleitstimme dazu sang, und nicht selten wurden von einem schönen Thema alle gepackt, vergaßen für eine Weile die Karten und summten mehrstimmig das zitierte

Musikstück, soweit sie sich seiner erinnern konnten. Man kann sagen: die Einführung der Notenschrift und der musikalischen Spezialspiele war der Beginn zur Entwicklung des Spieles aus einer Spielerei zum Kult und zum Ausdruck einer Gesinnung.

In anderen Kreisen wurde das Spiel auf andere Gebiete angewandt, auch auf wissenschaftliche, ohne zunächst bemerkenswerte Resultate zu ergeben. Erst zu allerletzt wurde es auf die Mathematik ausgedehnt, und diese letzte Abzweigung war es, welche dem Spiel allmählich ganz neue Unterlagen und Bedeutungen gab. Erst dort beginnt eigentlich das Glasperlenspiel, auf das wir zielen, und zu dessen großen Spielmeistern Knecht gehörte.

Immerhin war also schon in jenen Anfangsjahren Klaibers »Literatur- und Kunstspiel«, wie er selbst es nannte, nicht unbeträchtlicher Sublimierungen fähig: es hätte sich als bloßes Schöntun mit Bildungsbrocken selbst in jener geistig nicht anspruchsvollen Zeit schwerlich solcher Beliebtheit erfreuen können. Plinius Ziegenhalß, der in seiner grundlegenden Schrift »Vorläufige Bemerkungen zu einer geistesgeschichtlichen Betrachtung des Europa ums Jahr 2000« dem Glasperlenspiel ohne Nennung von Klaibers Namen einige beachtenswerte Seiten widmet, sagt u. a.: »Die Volkstümlichkeit dieses Spieles in seiner ursprünglichen, naiven Form mag sich so erklären: Es war in der Generation seit 1900, und in plötzlich vervielfachtem Tempo vom Jahre 1918 an, im gebildeten Bürgertum Europas, oder zumindest Mitteleuropas, ein Gedanke oder vielmehr eine Stimmung zur Vorherrschaft gelangt, die bei einzelnen genialen Vorläufern wie Nietzsche einige Jahrzehnte früher vollkommen unverstanden geblieben war, der Gedanke und die Stimmung nämlich, daß nicht nur unsre Kultur im Greisenalter stehe und keine Blüten mehr treiben könne, sondern daß auch das ganze geistig-moralische Gerüste des abendländischen Lebens morsch und verfault und dem Einsturz nahe sei. Die an sich richtige Einsicht in den Prozeß der Mechanisierung und in die Unwiederbringlichkeit des Schönsten, was diese Kultur einst gewesen war und geschaffen hatte, war beinahe ausschließlich eine pessimistische: man deutete die reichlichen üblen Symptome einer verzweifelten Gegenwart als notwendige Folgen jenes Prozesses, und hatte bisher vergessen, auch die positiven und angenehmen Seiten dieses Spätzustandes unsrer Kultur wahrzunehmen. Eines der positiven, ja eins der höchsten Güter der Epoche nun drang aus dem Wissen Weniger zu jenen Zeiten in das Bewußtsein Vieler, und daran hatte das Bildungs-Kartenspiel seinen Anteil: es diente wie kaum ein anderes Mittel der Verbreitung des Bewußtseins, daß unser Spätzustand zwar ein seniler und unschöpferischer sei, daß er aber dafür einen Überblick und ein freies intellektuelles Verfügen über sämtliche Schätze der gewesenen eigenen, wie der gewesenen fremden Kulturen ermögliche, wie es ähnlich vielleicht am letzten Ende der antiken Kultur die hellenistisch-alexandrinische Epoche besaß.«

So Ziegenhalß. Und wir müssen ihm recht geben. Das Klaibersche Kartenspiel brachte es Tausenden zum Bewußtsein, daß sie späte Erben eines unausschöpflich reichen Schatzes seien, den sie zwar nicht mehr durch neue Schöpfungen vermehren, dafür aber immerhin spielerisch genießen könnten. Zu diesem Genuß war freilich Klaibers Spiel nur ein roher und kindlicher Anfang, es bedurfe der Hochzüchtung geistiger und technischer Methoden und einer grundlegenden Änderung der Denkmoral, um uns Erben wirklich in den Besitz unsrer Erbschaft zu setzen. Wir haben die Klaiber-Zeit geistig anspruchslos genannt; dennoch war sie ja immerhin im Besitz von höchst verfeinerten Methoden und Kunstgriffen, es hatten Wissenschaft und Technik im Lauf eines Jahrhunderts unerhörte Fortschritte gemacht; nur verfügte gerade die Klaibersche Epoche über diese Güter mit einer gewissen spielerisch-kindischen Sorglosigkeit, ohne daran zu denken, daß auch die besten Methoden der dauernden Kontrolle und Kritik bedürfen, und daß das Fahrenkönnen in einem Flugzeug oder Auto noch lange nicht dasselbe bedeute wie etwa das Erfindenkönnen solch hübscher Maschinen. Während die technische Schulung der damaligen Generation zwar schon im Niedergehen, aber immerhin noch auf einer hohen Stufe war, war ihre geistige Schulung von einer Seichtigkeit und Verwahrlosung, von der jeder sich leicht einen Begriff machen kann, wenn er die Durchschnittsliteratur jener Zeiten durchblättert oder sich der damaligen Programme des amtlichen Rundfunks erinnert, wo unter der Leitung von Redakteuren, »Gelehrten« und Schulmännern ein wahrhaft kannibalisches Umsichwerfen mit wahllos durcheinander gemischten Kulturbrocken und Kulturabfällen nicht nur von den Regierungen geduldet und vom Volk ertragen wurde, sondern Genugtuung und Bewunderung erweckte. Die Folgen dieser Zustände erwiesen sich ja denn als verhängnisvoll genug. In der Geistesgeschichte aber ist jenem Zeitalter, dem Klaiber angehörte, der Name des »feuilletonistischen« geblieben, den ihm Plinius Ziegenhalß in mehreren seiner berühmten Arbeiten gegeben hat.

Eben diesem »feuilletonistischen« Zeitalter nun entsprach das Klaibersche Bildungskartenspiel in hohem Maß, darauf beruhte sein rascher Erfolg. Zugleich aber trug das Spiel wesentlich dazu bei, den »gebildeten« Schichten die Augen zu öffnen für die Schatzkammern der Vergangenheit und für die Möglichkeit, mit diesen Schätzen höchst erfreuende, mannigfaltige und sinnvolle Spiele zu spielen, statt sie entweder zu vergessen und verkommen zu lassen oder sich in leidvoller und unfruchtbarer Anstrengung um das Erzeugen neuer Schätze von ähnlicher Art zu bemühen.

Mit dem Ende der Klaiberschen Generation etwa hatte der bürgerlich »feuilletonistische« Geistesbetrieb seinen letzten Tiefstand erreicht: was in Vorträgen, Zeitschriften und Büchern um 1950 geleistet und von der Menge bewundert wurde, unterbietet das gewiß bescheidene Niveau von 1930 noch um ein Erhebliches. Es lebten zwar auch damals einige Gelehrte von hohem Rang, doch war im ganzen die höhere Schule einschließlich der Universität auf einen schlimmen Grad von Verantwortungslosigkeit gesunken, und die einfachsten Gebote intellektueller Redlichkeit schienen vergessen worden zu sein. Als Beispiele für die rührend-lächerliche sowohl wie für die verderbte Seite dieser Zustände an den Hochschulen (deren Schüler damals übrigens nach Belieben streikten, demonstrierten, die Lehrer am Leben bedrohten usw.) nennen wir zwei um 1950 erschienene umfangreiche Bücher deutscher Professoren, welche beide als Kuriosa eine gewisse Berühmtheit behalten haben. Das eine, rührende, ist Professor Lankhaars zweibändiges, über 1500 Seiten Quart umfassendes Werk »Die Kriegsschuldlüge«. In diesem Werk widerlegt Lankhaar gewisse, schon damals von der ganzen Welt vergessene oder belachte Vorwürfe, welche während des Weltkriegs von 1914 gegen das deutsche Volk, seine Führer, seinen Charakter usw. von den damaligen Feinden erhoben worden waren. Es waren damals Schimpfnamen für die Deutschen, denen man die Schuld am Ausbruch des großen Krieges zuschrieb, in Menge im Umlauf, man nannte sie Hunnen, Vandalen, Kannibalen, wie denn auch die Deutschen selber ihren Feinden keine Schmeichelnamen gaben, man findet sie alle, den »falschen Gallier«, den »feigen Briten«, die »italienische Felonie« usw., übrigens in Lankhaars dickem Werk mit einer gewissen knabenhaften Wonne häufig angewendet. Dieser Gelehrte also beweist einer Welt, in welcher an die Schimpfreden von 1914 kein Mensch mehr dachte, um 35 Jahre zu spät die vollkommene Unschuld des deutschen Volkes, des deutschen Kaisers, der deutschen Generalität und Diplomatie, und wies aufs deutlichste und mit vielen Belegen die beiden einzigen Schuldigen nach, nämlich den vor manchen Jahrhunderten verstorbenen französischen König Ludwig den Elften und einen inzwischen völlig vergessenen französischen Beamten namens Théophile Delcassé. Im hohen Alter von 82 Jahren legte Lankhaar sein Werk der Welt vor, um gleich darauf zu sterben, mit Rührung erzählte man sich, daß einzig das Bewußtsein seiner hohen Aufgabe ihn so lange am Leben erhalten habe. Während dies wunderliche und wirre Werk eines versponnenen Greises im Auslande schwerlich auch nur einen einzigen Leser gefunden hat und von der europäischen Presse mit einem gewissen achtungsvollen Mitleid beschwiegen wurde, erlebte das Werk in Deutschland, obwohl auch hier niemand es las, einen Ruhm, der wohl zwei Jahrzehnte anhielt, denn das Buch wurde von den politischen Condottieri, die einander im Redenhalten und Putschen ablösten, als Fundgrube benutzt.

Weit schlimmer steht es mit einem anderen Buch, das ein Hochschulprofessor Schwentchen damals herausgab, mit dem Titel »Das grüne Blut«. Es lebte damals ein Jugendführer, Verschwörer und Abenteurer namens Litzke, der mehr als zehn Jahre lang als Deutschlands »heimlicher Kaiser« galt und sich selber gern so nennen hörte. Er war es, der die durch Rassenlegenden allen Denkens entwöhnte Jugend durch die neue, von ihm erfundene Legende vom »grünen Blute« beschenkte. Dies grüne Blut, so hieß es, sei die mystische, einem heiligen Stigma gleichzusetzende Auszeichnung weniger, nämlich der aus mindestens dreißig Generationen reinen Germanenstammes entsprossenen echten Führernaturen. Viele der alten deutschen Kaiser hätten es gehabt, und da und dort an ruhmreichen Stellen der deutschen Geschichte wurde es nachgewiesen, auch Bismarck sollte es besessen haben, und natürlich besaß es auch Litzke, der heimliche Kaiser. Niemand wagte, der Legende öffentlich zu widersprechen, man war an Terror gewöhnt und wußte, daß man sein Leben wagte, wenn man den Unwillen der fanatisierten Jugend auf sich zog. Aus Feigheit und Bequemlichkeit hatten die Gelehrten längst darauf verzichtet, irgendwelche Kritik an der Mentalität zu üben, von welcher sie regiert und besoldet wurden. Aber Professor Schwentchen ging weiter, er schrieb sein Buch »Das grüne Blut«, zitierte darin Zoroaster und Manu, entlehnte Worte aus dem Sanskrit, dem Sumerischen, dem Griechischen, Wörter, die er selber gar nicht lesen konnte, denn sein Fach war nicht Philologie, sondern die Wissenschaft des Tennisspiels, für welche es damals Professuren gab; aber er war immerhin Hochschullehrer, er hatte außerdem einen großen Teil der Jugend auf seiner Seite, und er erreichte, was er erstrebt hatte: dafür, daß er dem »grünen Blut« seinen professoralen Segen verlieh, wurde er rasch bis zu hohen Ehrenstellen befördert, eine Zeitlang hörte man ihn jede Woche im Rundfunk sprechen, und verwöhnt durch Titel, Fakkelzüge, Berühmtheit und Wohlleben, verlernte er das Tennisspiel, das er eigentlich lehren sollte, so sehr, daß eine andere Professur für ihn geschaffen werden mußte.

Zugleich mit einer gewissen geistigen Entartung der Klaibergeneration erreichte die Produktion an Kunst, an imitierten Dichtungen, an imitierter Musik, imitierter Malerei ungeheure Ziffern; es war, als wolle Europa in einer letzten Anstrengung sich selber beweisen, daß seine Kultur trotz allem noch schöpferisch sei. Überraschend schnell brachte die darauf folgende Generation den Umschwung: einerseits eine in vielen kleinen und kleinsten Kultur-Herden neu beginnende Geisteszucht von oft fanatisch-asketischer Strenge, andrerseits ein beinah völliges Verzichten auf das Produzieren von Kunst, denn Kunst und Feuilleton waren eins geworden.

Inzwischen machte das Klaibersche Spiel manche Wandlungen durch, welche im einzelnen zu verfolgen hier nicht notwendig scheint. Es kam unter andrem auch die Mode auf, die gewonnenen Punkte beim Spiel durch Glasperlen auszudrücken, es wurden blaue Perlen für die Dichter, rote für die Musiker usw. verwendet, und es gab Perlen von verschiedener Form und Größe, welche den Punktzahlen hundert, tausend usw. entsprachen. Die Gewinner bewahrten ihre Perlen auf, tauschten die niederen Werte allmählich gegen höhere ein und sammelten mit der Zeit ganze Schnüre voll davon. In vielen Städten galt es für eine Ehre, Besitzer der meisten Glasperlen zu sein. Wir konnten nicht feststellen, ob diese nebensächliche Sitte noch in die Zeit Klaibers zurückreicht oder ihn gar noch zum Urheber hat, wahrscheinlich ist, daß er sie nicht mehr erlebt hat. Aber wie so oft, hat auch hier eine langdauernde und bedeutungsvolle Einrichtung ihren Namen von einer vergänglichen Nebensache empfangen. Der Name Klaibers ist seit zwei Jahrhunderten vergessen, und sein »Literatur- und Kunstspiel« auch, aber das, was aus seinem Spiel seither geworden ist, trägt noch heute den volkstümlich gewordenen Namen »Glasperlenspiel«.

War die erste ernstliche Verfeinerung des Spieles bei seiner

Spezialisierung auf die Musik entstanden, so war es jener Wissenschaft, welche als letzte und erst nach Jahrzehnten das Spiel in ihre Kreise einließ, vorbehalten, seine Vergeistigung zu vollenden: der Mathematik. Es begann unter Studenten, zunächst noch als reines Gesellschaftsspiel, die Karten trugen dabei die Namen von großen Mathematikern und den von ihnen aufgestellten Formeln oder aber die Namen von Weltkörpern mit ihren Maßen und Umlaufzeiten. Bald aber blieben von alledem nur die Formeln übrig; die Spieler bedienten einander, sie gegenseitig entwickelnd, mit diesen abstrakten Formeln, spielten einander Entwicklungsreihen und Möglichkeiten ihrer Wissenschaft vor, und niemand dachte mehr daran, ein Quartett abzulegen und Glasperlen zu gewinnen. Das Spiel mit den Formeln erforderte eine ganz besondere Aufmerksamkeit, Wachheit und Konzentration, unter den Mathematikern galt schon damals der Ruf eines guten Glasperlenspielers sehr viel, er war gleichbedeutend mit dem eines sehr guten Mathematikers.

Dies war der zweite große Aufschwung in der Geschichte des Spieles. Bei den Mathematikern und Astronomen noch weit mehr als einst bei den Musikliebhabern verlor es seinen ursprünglichen Charakter eines Spieles um des Gewinnens willen und einer leeren Bildungsparade. Zugleich mit der »feuilletonistischen« Epoche war auch Klaibers bürgerliches Bildungsspiel zu Ende oder verlor doch seine Geltung. An seine Stelle trat, jetzt aber nicht mehr als anspruchsloses Spiel ganzer Gesellschaftskreise, sondern gepflegt und fortgebildet von den Auserwählten, geführt von der Königin der Wissenschaften, jenes Spiel der Formelfolgen oder Formeldialoge. Man spielte es eifrig und schon mit der Vorahnung seiner spätern, beinah religiösen Bedeutung in allen mathematischen Seminaren Deutschlands, welche, gleich den Klöstern im frühen Mittelalter, in der Zeit nach dem Zusammenbruch des Feuilletonismus die wichtigsten Pflegestätten des geistigen Lebens wurden. Es hatte ja schon etwa von 1960 an, vorerst im engen Kreis einer geistigen Elite, jene Abwendung vom Feuilleton (und auch von der Kunst) begonnen und zugleich jene Hinwendung zu den exaktesten Übungen des Geistes, der wir die Entstehung einer neuen Zucht von mönchischer Strenge verdanken. Die jungen Menschen, welche sich geistigen Studien widmen wollten, konnten und wollten jetzt nicht mehr an den Hochschulen herumnaschen, wo ihnen von redseligen Professoren ohne Autorität die Reste der einstigen höheren Bildung in angenehmen Dosen dargereicht wurden; sie mußten jetzt ebenso streng und noch weit strenger lernen und sich plagen, als es einst die Ingenieure an den Polytechniken gemußt hatten, sie hatten einen steilen und engen Weg zu gehen, mußten an der Mathematik und an aristotelisch-scholastischen Übungen ihr Denkvermögen reinigen und steigern, und mußten außerdem auf alle die Güter vollkommen verzichten lernen, welche vor ihnen einer Reihe von Gelehrtengenerationen als die erstrebenswertesten gegolten hatten: auf raschen und leichten Gelderwerb, auf Ruhm und Ehrungen in der Öffentlichkeit, auf das Lob der Zeitungen, auf Ehen mit den Töchtern der Bankiers und Fabrikanten, auf Behagen und Luxus im materiellen Leben. Die »Dichter« mit den hohen Auflagen, den Nobelpreisen und hübschen Landhäusern, die großen Mediziner mit den Orden und den Livreedienern, die Akademiker mit den reichen Gattinnen und den glänzenden Salons, die Chemiker mit den Aufsichtsratstellen in der Industrie, die Philosophen mit den Feuilletonfabriken und den hinreißenden Vorträgen in überfüllten Sälen mit Applaus und Blumengaben — alle diese Figuren verschwanden und sind bis heute nicht wiedergekommen. Wohl gab es auch jetzt noch junge Talente in Menge, welchen jene Figuren beneidete Vorbilder waren, aber die Wege zur öffentlichen Ehrung, zum Reichtum und Luxus führten nicht mehr durch Hörsäle und Seminare und Doktortitel, die tief gesunkenen geistigen Berufe hatten in der Welt bankrott gemacht und hatten dafür durch eine büßerisch-fanatische Hingabe den Geist wieder erobert. Jene Talente, welche mehr nach Berühmtheit oder Wohlleben strebten, wandten der unliebenswürdig gewordenen Geistigkeit den Rücken und suchten die

Berufe auf, welchen das Wohlergehen und Geldverdienen überlassen worden war.

Es ist hier nicht der Ort, eingehend zu schildern, in welcher Weise der Geist sich nach seiner Reinigung auch im Staate durchsetzte. Es wurde bald die Erfahrung gemacht, daß zwei oder drei Generationen einer oberflächlichen und laxen Geisteszucht genügt hatten, auch das praktische Leben empfindlich zu beeinflussen, daß Können und Verantwortlichkeit in allen Berufen, auch den technischen, immer seltener wurden, und während das Geldverdienen den nach außen gewandten Geistern überlassen blieb, wurde die geistige Grundlage von Volk und Staat, namentlich das ganze Schul- und Erziehungswesen, von den Geistigen vollkommen monopolisiert, wie ja auch heute noch in fast allen Ländern Europas die geistige Schulung der Jugend, soweit sie nicht der römischen Kirche blieb, in den Händen der anonymen Behörde sind, welche vom ersten Schuljahr bis zur letzten Berufsprüfung alle Erziehung und allen Unterricht organisiert und überwacht. Es mag ein Schüler am Ende seiner Schul- oder Hochschuljahre dieser Erziehung entlaufen und sich der Welt in die Arme werfen, der Macht, dem Geld, dem Ruhm, das steht jedem frei. Aber so unbequem zuweilen der Öffentlichkeit die Strenge und der sogenannte Hochmut ihrer geistigen Leiter sein mögen, so oft einzelne gegen sie revoltiert haben — diese Leitung steht unerschüttert, es hält und schützt sie nicht nur ihre Integrität, ihr Verzicht auf andre Vorteile als geistige, sondern es schützt sie auch das längst allgemein gewordene Wissen oder Ahnen um die Notwendigkeit dieser strengen Schule für den Fortbestand der Zivilisation. Man weiß: wenn das Denken nicht rein und wach, und die unbedingte Verehrung des Geistes nicht mehr gültig ist, dann gehen auch die Schiffe und Automobile nicht mehr richtig, dann wackelt für den Rechenschieber des Ingenieurs wie für die Mathematik der Bank und Börse alle Gültigkeit und Autorität, dann kommt das Chaos. Es dauerte immerhin lange genug, bis die Erkenntnis sich Bahn brach, daß auch die Außenseite der Zivilisation, auch die Technik, die Industrie, der Handel usw. der gemeinsamen Grundlage einer geistigen Moral und Redlichkeit bedürfen.

Während, von Deutschland ausgehend und bald von mehreren Nachbarvölkern und Staaten anerkannt und gefördert, diese uns allen aus der Geschichte wohlbekannten Umwälzungen sich vollzogen, erlebte das Glasperlenspiel, von den Mathematikern ins Geistige hinübergerettet, nochmals einen entscheidenden Aufschwung und neuen Antrieb, und zwar durch eine neue Verbindung mit der Musik. Es kam die Etappe, in welcher das inzwischen rein intellektuell gewordene Spiel sich wieder dem Musischen näherte. Ein Schweizer Musikgelehrter, zugleich fanatischer Liebhaber der Mathematik, gab dem Glasperlenspiel, das aus der Gesellschaft längst verschwunden und eine esoterische Übung geworden war, die Möglichkeit zu seiner höchsten Entfaltung. Der bürgerliche Name dieses großen Mannes ist nicht mehr zu ermitteln, seine Zeit kannte den Kult der Person auf den geistigen Gebieten schon nicht mehr, in der Geschichte lebt er als Ignotus Basiliensis fort. Seine Erfindung, wie jede große Erfindung, war zwar durchaus seine persönliche Leistung und Gnade, kam aber keineswegs nur aus seinem privaten Bedürfnis und Streben, sondern war von einem stärkeren Motor getrieben. In den Kreisen der Geistigen seiner Zeit war überall ein leidenschaftliches Verlangen nach einer Ausdrucksmöglichkeit für ihre neuen Denkinhalte lebendig, die Mathematik allein genügte nicht, man sehnte sich nach einem neuen Alphabet, einer neuen Zeichensprache, in welcher es möglich wäre, die neuen geistigen Erlebnisse festzuhalten und mitzuteilen. Zeugnis davon gibt mit besonderer Eindringlichkeit die Schrift eines Gelehrten in Paris aus dem Beginn des 21. Jahrhunderts mit dem Titel »Erinnerung an China«. Der Autor dieser Schrift, zu seiner Zeit von vielen als ein Don Quichotte bespöttelt, übrigens ein bedeutender Gelehrter auf seinem Gebiete, der chinesischen Philologie, setzt auseinander, welchen Gefahren die Wissenschaft und Geistespflege trotz allen neuen Aufschwunges entgegengehe, wenn sie darauf verzichte, eine internationale Zeichensprache auszubauen, welche ähnlich der alten chinesischen Schrift es erlaube, das Komplizierteste ohne Ausschaltung der persönlichen Phantasie und Erfinderkraft in einer Weise graphisch auszudrücken, welche allen Gelehrten der Welt verständlich wäre. Den wichtigsten Schritt nun zur Erfüllung dieser Forderung hat Ignotus Basiliensis getan. Er erfand für das Glasperlenspiel eine neue Sprache, eine Zeichen- und Formelsprache, an welcher die Mathematik und die Musik gleichen Anteil hatten, in welcher es möglich wurde, eine astronomische und eine musikalische Formel zu verbinden, Mathematik und Musik gewissermaßen auf einen gemeinsamen Nenner zu bringen. Wenn auch die Entwicklung damit keineswegs abgeschlossen war, wenn auch später die Spielsprache sich noch viele neue Gebiete hinzueroberte — den Grund zu dem allem hat, in der Zeit um 2030, der Baseler Unbekannte gelegt.

Das Glasperlenspiel, einst die seichte Unterhaltung halbgebildeter Rentiers und Beamter, dann eine Zeitlang Spezialsport der Mathematiker, zog nun mehr und mehr alle wahrhaft Geistigen an, die Gelehrten, die Studenten, manche Künstler. Manche alte Akademie, manche Loge wendete sich ihm zu, [zeitweise war es auch bei einigen katholischen Kongregationen sehr beliebt,][1] und besonders widmete sich ihm der jahrhundertealte Bund der Morgenlandfahrer. Aber auch einige der katholischen Mönchsorden witterten hier eine neue Geistesluft und ließen sich von ihr entzücken, namentlich wurde in manchen Benediktinerabteien dem Spiele so viel Teilnahme gewidmet, daß schon damals gelegentlich die Frage akut wurde, ob eigentlich dies Spiel sich mit Kirche und Christentum vertrage; die Frage ist bis heute weder verstummt, noch hat sie eine entschiedene Beantwortung gefunden.

Seit der Großtat des Baselers hat das Glasperlenspiel sich rasch vollends zu dem entwickelt, was es noch heute ist: zum Inbegriff des Geistigen, zum sublimen Kult und Dienst, zur Verwirklichung der universitas litterarum. Seine Rolle im Geistesleben entspricht etwa der Rolle, welche in früheren Epo-

1 Im Manuskript gestrichen.

chen die Kunst gespielt hat. Wenigstens wurde das Spiel nicht selten mit einem Ausdruck bezeichnet, welcher noch aus der Dichtung der Klaiberepoche stammt und für jene Zeit das Sehnsuchtsziel manches vorahnenden Geistes benannte, mit dem Ausdruck: »magisches Theater«.

War das Spiel nun seit seinen Anfängen an Umfang des Stoffes ins Unendliche gewachsen und, was die geistigen Ansprüche an die Spieler betrifft, zu einer hohen Wissenschaft geworden, so fehlte ihm in den Zeiten des Baslers doch noch etwas Wesentliches. Bis dahin nämlich war jedes Spiel ein Aneinanderreihen, Ordnen, Gegeneinanderstellen von konzentrierten Vorstellungen aus vielen Gebieten des Wissens und Denkens gewesen, ein rasches Sicherinnern an überzeitliche Werte und Formen, eine virtuose Führung durch die Reiche des Geistes. Erst nach 2080 kam allmählich aus dem geistigen Inventar des Erziehungs- und Studienwesens auch der Begriff der Kontemplation mit in das Spiel. Es hatte sich der Übelstand gezeigt, daß Gedächtniskünstler ohne andere Tugenden virtuose Spiele spielen und die Teilnehmer durch das rasche Nacheinander zahlloser Vorstellungen und Anklänge verblüffen und verwirren konnten. Nun fiel allmählich dieses Virtuosentum mehr und mehr unter strenges Verbot, und die Kontemplation wurde zu einem sehr wichtigen Bestandteil des Spieles, ja sie wurde für die Zuschauer und Zuhörer jedes Spieles die Hauptsache. Es war die Wendung gegen das Religiöse. Es kam nicht mehr allein darauf an, den Ideenfolgen und dem ganzen geistigen Mosaik eines Spielers mit rascher Aufmerksamkeit und geübtem Gedächtnis intellektuell zu folgen, sondern es entstand die Forderung nach einer tiefern und persönlichern Hingabe. Nach jedem Zeichen nämlich, das der jeweilige Spieler beschworen hatte, wurde nun über dies Zeichen, über seinen Gehalt, seinen Sinn, seine Herkunft eine stille strenge Betrachtung abgehalten, welche jeden Mitspieler zwang, sich die Inhalte des Zeichens intensiv gegenwärtig zu machen. Die Technik und Übung dieser Kontemplation brachten alle höher Geschulten aus ihren Schulen mit, wo der Kunst des Kontemplierens und

Meditierens die größte Sorgfalt gewidmet wurde. Dadurch wurden die Hieroglyphen des Spieles davor bewahrt, zu bloßen Buchstaben oder Arabesken zu entarten.

Bis dahin war übrigens das Glasperlenspiel trotz seiner Beliebtheit unter den Gelehrten eine rein private Übung geblieben, etwa wie das Schachspiel. Man konnte es allein, zu zweien, zu vielen spielen, und allerdings wurden besonders geistvolle, wohlkomponierte und gelungene Spiele auch aufgezeichnet und von Stadt zu Stadt und Land zu Land bekannt, bewundert oder kritisiert. Aber erst jetzt begann langsam die Funktion des Spieles als einer öffentlichen Feier. Auch heute noch steht einem jeden das private Spiel frei und wird besonders von den Jüngeren fleißig geübt. Bei dem Wort »Glasperlenspiel« aber denkt heute wohl jeder vor allem an die öffentlichen, feierlichen Spiele. Sie finden unter der Führung weniger überlegener Meister statt, unter andächtigem Horchen der Eingeladenen und unter der gespannten Aufmerksamkeit von Zuhörern in allen Teilen der Welt, manche dieser feierlichen Spiele haben eine Dauer von Tagen und Wochen, und während ein solches Spiel zelebriert wird, leben sämtliche Mitspieler und Zuhörer nach strengen Vorschriften ein enthaltsames und selbstloses Leben der Versenkung, vergleichbar dem genau geregelten, büßerischen Leben, welches die Teilnehmer einer der Übungen des heiligen Ignatius führen.

Wir versuchen zum Schluß, das Glasperlenspiel nochmals zusammenfassend zu charakterisieren und zugleich seine Stellung zu jener geistigen Macht zu betrachten, welche nach dem Erlöschen der Künste als einzige neben der anonymen Gelehrtenkaste übrig geblieben war: der Kirche.

Das Spiel der Spiele hatte sich, unter der Führung bald der Mathematik, bald der Musik, bald der Philologie, zu einer Art von Universalsprache ausgebildet, durch welche der Spieler in sinnvollen Abbreviaturen und Hinweisungen Werte auszudrükken und zueinander in Beziehung zu setzen befähigt war. Es konnte ein Spiel etwa ausgehen von einer gegebenen astronomischen Konfiguration, oder vom Thema einer Bach-Fuge, oder von einem Satz des Leibniz oder des Thomas von Aquin, und es konnte von diesem Thema aus, je nach Begabung und Absicht des Spielers, die dadurch wachgerufene Leit-Idee entweder weiterführen und ausbauen oder auch durch Anklänge an verwandte Vorstellungen ihre Stimmung vertiefen. War der Anfänger etwa fähig, durch die Spielzeichen Parallelen zwischen einer klassischen Musik und einem Naturgesetz herzustellen, so führte beim Könner und Meister das Spiel vom Anfangsthema frei bis in unbegrenzte Kombinationen. Beliebt war bei einer gewissen Spielerschule lange Zeit namentlich das Nebeneinanderstellen, Gegeneinanderführen und endliche harmonische Zusammenführen zweier feindlicher Themata oder Ideen, wie Volk und Individuum, Gesetz und Freiheit, und man legte großen Wert darauf, in einem solchen Spiel beide Themata vollkommen gleichwertig und parteilos durchzuführen, aus These und Antithese möglichst rein die Synthese zu entwickeln. Überhaupt waren, von genialen Ausnahmen abgesehen, Spiele mit negativem oder skeptischem, disharmonischem Ausgang unbeliebt und geradezu verboten, und das hing tief mit dem Sinn zusammen, den das Spiel auf seiner Höhe für die Spieler gewonnen hatte: Es bedeutete eine erlesene, symbolhafte Form des Suchens nach dem Vollkommenen, ein Sichannähern an den über allen Bildern und Vielheiten in sich einigen Geist, also: an Gott. So wie die frommen Denker früherer Zeiten etwa das kreatürliche Leben darstellten als zu Gott hin unterwegs und die Mannigfaltigkeit der Erscheinungswelt in der göttlichen Einheit erst vollendet und zu Ende gedacht sahen, so ähnlich bauten, musizierten und philosophierten die Figuren und Formeln des Glasperlenspiels in einer Weltsprache, die aus allen Wissenschaften und Künsten gespeist war, sich spielend und strebend dem Vollkommenen entgegen, dem reinen Sein, der voll erfüllten Wirklichkeit. »Realisieren« war ein beliebter Ausdruck bei den Spielern, und als Weg vom Werden zum Sein, vom Möglichen zum Wirklichen empfanden sie ihr Tun. [Es erinnert dies an manche Gedanken des Mittelalters und spätern katholischen Theologen, uns erinnert es z. B. an manche Gedankenfolgen des Nicolaus Cusanus. Wir denken etwa an Sätze von ihm wie diesen: »Der Geist formt sich der Potentialität an, um alles in der Weise der Potentialität zu messen, und der absoluten Notwendigkeit, damit er alles in der Weise der Einheit und Einfachheit messe, wie es Gott tut, und der Notwendigkeit der Verknüpfung, um so alles in Hinsicht auf seine Eigentümlichkeit zu messen, endlich formt er sich der determinierten Potentialität an, um alles hinsichtlich seiner Existenz zu messen. Ferner mißt aber der Geist auch symbolisch, durch Vergleich, wie wenn er sich der Zahl und der geometrischen Figuren bedient und sich auf sie als Gleichnisse bezieht.«

Übrigens scheint nicht nur dieser eine Gedanke des Cusaners beinahe schon auf das Glasperlenspiel hinzuweisen, oder entspricht und entspringt einer ähnlichen Richtung der Einbildungskraft wie dessen Gedankenspiele; es ließen sich mehrere, ja viele ähnliche Anklänge bei ihm zeigen. Auch seine Freude an der Mathematik und seine Fähigkeit und Freude, Figuren und Axiome der euklidischen Geometrie auf theologisch-philosophische Begriffe als verdeutlichende Gleichnisse anzuwenden, scheint der Mentalität des Glasperlenspieles sehr nahe zu stehen, und zuweilen erinnert sogar seine Art von Latein (dessen Vokabeln nicht selten seine freien Erfindungen sind, ohne doch von irgendeinem Lateinleser mißverstanden werden zu können) an die frei spielende Plastizität der Spielsprache.][1]

Übrigens waren die termini der christlichen Theologie, soweit sie zum allgemeinen Kulturgut zu gehören schienen, natürlich mit in die Zeichensprache des Spieles aufgenommen, und es konnte etwa einer der Hauptbegriffe des Glaubens, oder der Wortlaut einer Bibelstelle, oder ein Satz aus einem Kirchenvater oder aus dem Wortlaut einer lateinischen Messe ebenso leicht und exakt ausgedrückt und in das Spiel mit aufgenommen werden wie ein mathematischer Lehrsatz oder eine Mozartmelodie. Es ist vielleicht kaum übertrieben, wenn wir zu

1 Im Manuskript gestrichen.

sagen wagen: für den engen Kreis der echten Glasperlenspieler, soweit sie nicht gläubige Katholiken waren, war das Spiel nahezu gleichbedeutend mit Gottesdienst, während es sich jeder eigenen Theologie vollkommen enthielt.

Eben nun weil das Spiel der Religion so nahe stand, ohne sich doch zu einer Kirche zu bekennen, war sein Verhältnis zu Rom ein heikles und ist kaum zu beschreiben. Einerseits waren — und dies war beiden Parteien voll bewußt — die Kirche und die hinter dem Glasperlenspiel stehende anonyme Gemeinschaft der Geistigen die beiden einzigen ernst zu nehmenden Mächte, und inmitten einer nicht allzu gebildeten und oft von politischen Leidenschaften aufgeregten Volksmenge waren diese beiden Mächte Bewahrerinnen und Zuflucht des Geistes auf Erden, in manchem Sinne aufeinander angewiesen, und es empfahl sich gegenseitige Freundschaft, Duldung und Schonung. Andrerseits drängte gerade die intellektuelle Redlichkeit und der echte Drang nach scharfer, eindeutiger Formulierung jede der beiden Mächte zu einer Scheidung. Nun verhielt es sich in der Praxis so, daß die Kirche zwar nach wie vor ihre eigenen theologischen Lehranstalten und in einigen Ländern auch einen Einfluß auf die Volksschulen besaß, auf dem Gebiet aller andern Wissenschaften aber sehr häufig bei der Gegenpartei zu Gast sein mußte, und daß außerordentlich viele von den feineren Geistern unter den Klerikern und in den Kongregationen offen oder heimlich Anhänger des Spieles waren. Dagegen fehlte es auch nicht an Gegnern und scharfen Kritikern des Spiels unter dem hohen Klerus, und Papst Pius XIII., der noch als Kardinal ein guter Spieler gewesen sein soll, nahm als Papst nicht nur für immer vom Spiele Abschied, sondern versuchte auch, ihm den Prozeß zu machen, und wenig hätte gefehlt, so wäre den Katholiken das Spiel überhaupt verboten worden. Aber Pius starb, ehe er dies Ziel erreicht hatte, und eine vielgelesene Biographie dieses bedeutenden Papstes stellte sein Verhältnis zum Glasperlenspiel als das einer tiefen Leidenschaft dar, welcher er als Papst nur noch in feindseliger Form Herr zu werden wußte. Nach wie vor gehörten manche hohe und höchste Geistliche sowie die gelehrteren Mitglieder mehrerer Orden zu den Glasperlenspielern, noch immer vermieden die öffentlichen Glasperlenspiele sorgfältig jede Formulierung eines Glaubens, welche Rom hätte angreifen können, und so standen mit kleinen Schwankungen die Dinge bis heute.

Im letzten Jahrhundert erfuhr nun das Spiel, das bis dahin von Einzelnen und Kameradschaften frei betrieben, wenn auch von der offiziellen Erziehungsbehörde freundlich gefördert worden war, in Deutschland und bald in fast allen Ländern eine straffere Organisation, die sich hauptsächlich in zwei neuen Einrichtungen ausdrückte. Es wurde ein oberster Spiel-Leiter bestellt, mit dem Titel Ludi Magister, und es wurden offizielle, unter der Leitung des Magisters durchgeführte Spiele zu geistigen Festlichkeiten erhoben. Der Ludi Magister blieb natürlich, wie alle Leiter der Geistespflege, anonym, außer den Nächsten kannte niemand ihn mit seinem persönlichem Namen. Es gab bald in jedem Lande der Welt einen Magister Ludi, der deutsche galt in den seltenen Streitfällen als Autorität, und einzig den offiziellen festlichen Spielen, an deren Spitze ein Ludi Magister stand, dienten die öffentlichen Verbreitungsmittel wie Rundfunk usw. Außer der Leitung oder doch Überwachung der öffentlichen Spiele hatten die magistri den Spielern und Spielschulen Vorschub zu leisten, vor allem aber über die Weiterbildung des Spieles zu wachen. An der Spitze der Spielkommissionen ihrer Länder entschieden sie über die Aufnahme neuer Zeichen und Formeln in den Bestand, über Erweiterungen der Spielregeln, über die Wünschbarkeit oder Entbehrlichkeit neu einzubeziehender Gebiete. Bei ihnen holten junge Spieler Rat und Belehrung, sie entschieden über etwaige technische Neuerungen. Man konnte das Spiel als eine eigene Wissenschaft, als eine eigene Weltsprache betrachten, und diese wurde von den Magistern und ihren Spielkommissionen wie von einer Akademie überwacht. Jede Landeskommission war im Besitz des Spielarchives, d. h. einer Abschrift sämtlicher, bis dahin offiziell geprüfter und zugelassener Zeichen und Schlüssel, deren Zahl längst eine sehr viel höhere geworden war als die Zahl der alten chinesischen Schriftzeichen. Im allgemeinen galt als genügende Vorbildung für einen Glasperlenspieler das Schlußexamen der gelehrten Mittelschulen, doch wurde stillschweigend die überdurchschnittliche Beherrschung einer der führenden Wissenschaften oder der Musik vorausgesetzt. Es einmal bis zum Ludi Magister zu bringen, war der Traum beinahe jedes Fünfzehnjährigen in den höheren Schulen. Aber schon unter den Studenten der letzten Semester und den Doktoranden war es nur noch ein winziger Teil, welcher noch ernstlich an dem Ehrgeiz festhielt, dem Glasperlenspiel und seiner Weiterbildung aktiv dienen zu dürfen.

(Entstanden im Frühsommer 1932)

Die vierte und endgültige Fassung*
(1934)

Das Glasperlenspiel

Versuch einer allgemeinverständlichen
Einführung in seine Geschichte

... non entia enim licet quodammodo levibusque hominibus facilius atque incuriosius verbis reddere quam entia, verumtamen pio diligentique rerum scriptori plane aliter res se habet: nihil tantum repugnat ne verbis illustretur, at nihil adeo necesse est ante hominum oculos proponere ut certas quasdam res, quas esse neque demonstrari neque probari potest, quae contra eo ipso, quod pii diligentesque viri illas quasi ut entia tractant, enti nascendique facultati paululum appropinquant.

Albertus Secundus
tract. de cristall. spirit. ed. Clangor et Collof. lib. I. cap. 28

In Josef Knechts handschriftlicher Übersetzung:
... denn mögen auch in gewisser Hinsicht und für leichtfertige Menschen die nicht existierenden Dinge leichter und verantwortungsloser durch Worte darzustellen sein als die seienden, so ist es doch für den frommen und gewissenhaften Geschichtsschreiber gerade umgekehrt: nichts entzieht sich der Darstellung durch Worte so sehr und nichts ist doch notwendiger, den Menschen vor Augen zu stellen, als gewisse Dinge, deren Existenz weder beweisbar noch wahrscheinlich ist, welche aber eben dadurch, daß fromme und gewissenhafte Menschen sie gewissermaßen als seiende Dinge behandeln, dem Sein und der Möglichkeit des Geborenwerdens um einen Schritt näher geführt werden.

Es ist unsere Absicht, in diesem Buch das Wenige festzuhalten, was wir an biographischem Material über Josef Knecht aufzufinden vermochten, den Ludi Magister Josephus III., wie er in den Archiven des Glasperlenspiels genannt wird. Wir sind nicht blind gegen die Tatsache, daß dieser Versuch einigermaßen im Widerspruch zu den herrschenden Gesetzen und Bräuchen des geistigen Lebens steht oder doch zu stehen scheint. Ist doch gerade das Auslöschen des Individuellen, das möglichst vollkommene Einordnen der Einzelperson in die Hierarchie der Erziehungsbehörde und der Wissenschaften eines der obersten Prinzipien unsres geistigen Lebens. Und dieses Prinzip ist denn auch in langer Tradition so weit verwirklicht worden, daß es heute ungemein schwierig, ja in vielen Fällen vollkommen unmöglich ist, über einzelne Personen, welche dieser Hierarchie in hervorragender Weise gedient haben, biographische und psychologische Einzelheiten aufzufinden; in sehr vielen Fällen lassen sich nicht einmal mehr die Personennamen feststellen. Es gehört nun einmal zu den Merkmalen des Geisteslebens unsrer Provinz, daß seine hierarchische Organisation das Ideal der Anonymität hat und der Verwirklichung dieses Ideals sehr nahe kommt.

Wenn wir trotzdem auf unsrem Versuche bestanden haben, einiges über das Leben des Ludi Magister Josephus III. festzustellen und uns das Bild seiner Persönlichkeit andeutend zu skizzieren, so taten wir es nicht aus Personenkult und aus Ungehorsam gegen die Sitten, wie wir glauben, sondern im Gegenteil nur im Sinne eines Dienstes an der Wahrheit und Wissenschaft. Es ist ein alter Gedanke: je schärfer und unerbittlicher wir eine These formulieren, desto unwiderstehlicher ruft sie nach der Antithese. Wir billigen und verehren den Gedanken, welcher der Anonymität unsrer Behörden und unsres Geisteslebens zugrunde liegt. Aber ein Blick in die Vorgeschichte eben dieses Geisteslebens, namentlich in die Entwicklung des Glasperlenspieles, zeigt uns unwiderstehlich, daß jede Phase der Entwicklung, jeder Ausbau, jede Änderung, jeder wesentliche Einschnitt, sei er fortschrittlich oder konservativ zu deuten, unweigerlich zwar nicht seinen einzigen und eigentlichen Urheber, wohl aber sein deutlichstes Gesicht gerade in der Person dessen zeigt, der die Änderung einführte, der zum Instrument der Umformung und Vervollkommnung wurde.

Es ist ja allerdings das, was wir heute unter Persönlichkeit verstehen, nun etwas erheblich anderes, als was die Biographen und Historiker früherer Zeiten damit gemeint haben. Für sie, und zwar namentlich für die Autoren jener Epochen, welche eine ausgesprochene biographische Neigung hatten, scheint, so möchte man sagen, das Wesentliche einer Persönlichkeit das

Abweichende, das Normwidrige und Einmalige, ja oft geradezu das Pathologische gewesen zu sein, während wir Heutigen von bedeutenden Persönlichkeiten überhaupt erst dann sprechen, wenn wir Menschen begegnen, denen jenseits von allen Originalitäten und Absonderlichkeiten ein möglichst vollkommenes Sich-Einordnen ins Allgemeine, ein möglichst vollkommener Dienst am Überpersönlichen gelungen ist. Sehen wir genauer zu, so hat auch schon das Altertum dieses Ideal gekannt: die Gestalt des »Weisen« oder »Vollkommenen« bei den alten Chinesen zum Beispiel oder das Ideal der Sokratischen Tugendlehre ist von unsrem heutigen Ideal kaum zu unterscheiden, und manche große geistige Organisation, wie etwa die Römische Kirche in ihren mächtigsten Epochen, hat ähnliche Grundsätze gekannt, und manche ihrer größten Gestalten, wie etwa der heilige Thomas von Aquino, erscheinen uns, gleich frühgriechischen Plastiken, mehr als klassische Vertreter von Typen denn als Einzelpersonen. Immerhin war in den Zeiten vor der Reformation des geistigen Lebens, die im zwanzigsten Jahrhundert begann und deren Erben wir sind, jenes echte alte Ideal offenbar nahezu ganz verlorengegangen. Wir erstaunen, wenn wir in den Biographien jener Zeiten etwa weitläufig erzählt finden, wie viele Geschwister der Held gehabt oder welche seelischen Narben und Kerben ihm die Loslösung von der Kindheit, die Pubertät, der Kampf um Anerkennung, das Werben um Liebe hinterlassen haben. Uns Heutige interessiert nicht die Pathologie noch die Familiengeschichte, nicht das Triebleben, die Verdauung und der Schlaf eines Helden; nicht einmal seine geistige Vorgeschichte, seine Erziehung durch Lieblingsstudien, Lieblingslektüre und so weiter ist uns sonderlich wichtig. Uns ist nur jener ein Held und eines besonderen Interesses würdig, der von Natur und durch Erziehung in den Stand gesetzt wurde, seine Person nahezu vollkommen in ihrer hierarchischen Funktion aufgehen zu lassen, ohne daß ihr doch der starke, frische, bewundernswerte Antrieb verlorengegangen wäre, welcher den Duft und Wert des Individuums ausmacht. Und wenn zwischen Person und Hierarchie

Konflikte entstehen, so sehen wir gerade diese Konflikte als Prüfstein für die Größe einer Persönlichkeit an. So wenig wir den Rebellen billigen, den die Begierden und Leidenschaften zum Bruch mit der Ordnung treiben, so ehrwürdig ist uns das Andenken der Opfer, der wahrhaft Tragischen.

Dort nun, bei den Helden, bei diesen wirklich vorbildhaften Menschen, scheint uns das Interesse für die Person, für den Namen, für Gesicht und Gebärde erlaubt und natürlich, denn wir sehen auch in der vollkommensten Hierarchie, in der reibungslosesten Organisation keineswegs eine Maschinerie, aus toten und an sich gleichgültigen Teilen zusammengesetzt, sondern einen lebendigen Körper, aus Teilen gebildet und von Organen belebt, deren jedes seine Art und seine Freiheit besitzt und am Wunder des Lebens teilhat. In diesem Sinne bemühten wir uns um Nachrichten über das Leben des Glasperlenspielmeisters Josef Knecht, und namentlich um alles von ihm selbst Geschriebene, sind auch mehrerer Handschriften habhaft geworden, die wir für lesenswert halten.

Was wir über Knechts Person und Leben mitzuteilen haben, ist unter den Mitgliedern des Ordens, und namentlich unter den Glasperlenspielern, gewiß manchen schon ganz oder teilweise bekannt, und schon aus diesem Grunde wendet unser Buch sich nicht bloß an diesen Kreis, sondern hofft auch über ihn hinaus auf verständnisvolle Leser.

Für jenen engeren Kreis bedürfte unser Buch keiner Einleitung und keines Kommentars. Da wir jedoch dem Leben und den Schriften unsres Helden auch außerhalb des Ordens Leser wünschen, fällt uns die etwas schwierige Aufgabe zu, für jene weniger vorgebildeten Leser eine kleine volkstümliche Einführung in den Sinn und in die Geschichte des Glasperlenspieles dem Buch voranzuschicken. Wir betonen, daß diese Einleitung eine volkstümliche ist und sein will und keinerlei Anspruch darauf erhebt, die innerhalb des Ordens selbst diskutierten Fragen über Probleme des Spiels und seiner Geschichte zu klären. Für eine objektive Darstellung dieses Themas ist die Zeit längst noch nicht gekommen.

Man erwarte also von uns nicht eine vollständige Geschichte und Theorie des Glasperlenspieles, auch würdigere und geschicktere Autoren als wir wären dazu heute nicht imstande. Diese Aufgabe bleibt späteren Zeiten vorbehalten, falls die Quellen sowie die geistigen Voraussetzungen dazu nicht vorher verlorengehen. Und ein Lehrbuch des Glasperlenspiels soll dieser unser Aufsatz ja noch weniger sein, ein solches wird auch niemals geschrieben werden. Man erlernt die Spielregeln dieses Spiels der Spiele nicht anders als auf dem üblichen, vorgeschriebenen Wege, welcher manche Jahre erfordert, und keiner der Eingeweihten könnte je ein Interesse daran haben, diese Spielregeln leichter erlernbar zu machen.

Diese Regeln, die Zeichensprache und Grammatik des Spieles, stellen eine Art von hochentwickelter Geheimsprache dar, an welcher mehrere Wissenschaften und Künste, namentlich aber die Mathematik und die Musik (beziehungsweise Musikwissenschaft) teilhaben und welche die Inhalte und Ergebnisse nahezu aller Wissenschaften auszudrücken und zueinander in Beziehung zu setzen imstande ist. Das Glasperlenspiel ist also ein Spiel mit sämtlichen Inhalten und Werten unsrer Kultur, es spielt mit ihnen, wie etwa in den Blütezeiten der Künste ein Maler mit den Farben seiner Palette gespielt haben mag. Was die Menschheit an Erkenntnissen, hohen Gedanken und Kunstwerken in ihren schöpferischen Zeitaltern hervorgebracht, was die nachfolgenden Perioden gelehrter Betrachtung auf Begriffe gebracht und zum intellektuellen Besitz gemacht haben, dieses ganze ungeheure Material von geistigen Werten wird vom Glasperlenspieler so gespielt wie eine Orgel vom Organisten, und diese Orgel ist von einer kaum auszudenkenden Vollkommenheit, ihre Manuale und Pedale tasten den ganzen geistigen Kosmos ab, ihre Register sind beinahe unzählig, theoretisch ließe mit diesem Instrument der ganze geistige Weltinhalt sich im Spiele reproduzieren. Diese Manuale, Pedale und Register nun stehen fest, an ihrer Zahl und ihrer Ordnung sind Änderungen und Versuche zur Vervollkommnung eigentlich nur noch in der Theorie möglich: die Bereicherung der Spielsprache durch

Einbeziehung neuer Inhalte unterliegt der denkbar strengsten Kontrolle durch die oberste Spielleitung. Dagegen ist innerhalb dieses feststehenden Gefüges oder, um in unserem Bilde zu bleiben, innerhalb der komplizierten Mechanik dieser Riesenorgel dem einzelnen Spieler eine ganze Welt von Möglichkeiten und Kombinationen gegeben, und daß unter tausend streng durchgeführten Spielen auch nur zwei einander mehr als an der Oberfläche ähnlich seien, liegt beinahe außerhalb des Möglichen. Selbst wenn es geschähe, daß einmal zwei Spieler durch Zufall genau dieselbe kleine Auswahl von Themen zum Inhalt ihres Spieles machen sollten, könnten diese beiden Spiele je nach Denkart, Charakter, Stimmung und Virtuosität der Spieler vollkommen verschieden aussehen und verlaufen.

Es liegt letzten Endes völlig im Belieben des Historikers, wieweit er die Anfänge und Vorgeschichte des Glasperlenspiels zurückverlegen will. Denn wie jede große Idee hat es eigentlich keinen Anfang, sondern ist, eben der Idee nach, immer dagewesen. Wir finden es als Idee, als Ahnung und Wunschbild schon in manchen früheren Zeitaltern vorgebildet, so zum Beispiel bei Pythagoras, dann in der Spätzeit der antiken Kultur, im hellenistisch-gnostischen Kreise, nicht minder bei den alten Chinesen, dann wieder auf den Höhepunkten des arabisch-maurischen Geisteslebens, und weiterhin führt die Spur seiner Vorgeschichte über die Scholastik und den Humanismus zu den Mathematiker-Akademien des siebzehnten und achtzehnten Jahrhunderts und bis zu den romantischen Philosophien und den Runen der magischen Träume des Novalis. Jeder Bewegung des Geistes gegen das ideale Ziel einer Universitas Litterarum hin, jeder platonischen Akademie, jeder Geselligkeit einer geistigen Elite, jedem Annäherungsversuch zwischen den exakten und freieren Wissenschaften, jedem Versöhnungsversuch zwischen Wissenschaft und Kunst oder Wissenschaft und Religion lag dieselbe ewige Idee zugrunde, welche für uns im Glasperlenspiel Gestalt gewonnen hat. Geister wie Abälard, wie Leibniz, wie Hegel haben den Traum ohne Zweifel gekannt, das geistige Universum in konzentrische Systeme einzufangen und die lebendige Schönheit des Geistigen und der Kunst mit der magischen Formulierkraft der exakten Disziplinen zu vereinigen. In jener Zeit, in welcher Musik und Mathematik nahezu gleichzeitig eine Klassik erlebten, waren die Befreundungen und Befruchtungen zwischen beiden Disziplinen häufig. Und zwei Jahrhunderte früher finden wir bei Nikolaus von Kues Sätze aus derselben Atmosphäre, wie etwa diese: »Der Geist formt sich der Potentialität an, um alles in der Weise der Potentialität zu messen, und der absoluten Notwendigkeit, damit er alles in der Weise der Einheit und Einfachheit messe, wie es Gott tut, und der Notwendigkeit der Verknüpfung, um so alles in Hinsicht auf seine Eigentümlichkeit zu messen, endlich formt er sich der determinierten Potentialität an, um alles hinsichtlich seiner Existenz zu messen. Ferner mißt aber der Geist auch symbolisch, durch Vergleich, wie wenn er sich der Zahl und der geometrischen Figuren bedient und sich auf sie als Gleichnisse bezieht.« Übrigens scheint nicht etwa nur dieser eine Gedanke des Cusanus beinahe schon auf unser Glasperlenspiel hinzuweisen oder entspricht und entspringt einer ähnlichen Richtung der Einbildungskraft wie dessen Gedankenspiele; es ließen sich mehrere, ja viele ähnliche Anklänge bei ihm zeigen. Auch seine Freude an der Mathematik und seine Fähigkeit und Freude, Figuren und Axiome der euklidischen Geometrie auf theologisch-philosophische Begriffe als verdeutlichende Gleichnisse anzuwenden, scheinen der Mentalität des Spieles sehr nahe zu stehen, und zuweilen erinnert sogar seine Art von Latein (dessen Vokabeln nicht selten seine freien Erfindungen sind, ohne doch von irgendeinem Lateinkundigen mißverstanden werden zu können) an die freispielende Plastizität der Spielsprache.

Nicht minder gehört, wie schon das Motto unsrer Abhandlung zeigen mag, Albertus Secundus zu den Vorvätern des Glasperlenspieles. Und wir vermuten, ohne es zwar durch Zitate belegen zu können, daß der Spielgedanke auch jene gelehrten Musiker des sechzehnten, siebzehnten und achtzehnten Jahrhunderts beherrschte, welche ihren musikalischen Kompositionen mathematische Spekulationen zugrunde legten. Da und dort in den alten Literaturen stößt man auf Legenden über weise und magische Spiele, die von Gelehrten, Mönchen oder an geistfreundlichen Fürstenhöfen ersonnen und gespielt worden seien, zum Beispiel in Form von Schachspielen, deren Figuren und Felder außer der gewöhnlichen noch ihre Geheimbedeutungen hatten. Und allgemein bekannt sind ja jene Berichte, Märchen und Sagen aus den Jugendzeiten aller Kulturen, welche der Musik, weit über alles nur Künstlerische hinaus, eine seelen- und völkerbeherrschende Gewalt zuschreiben, sie zu einem geheimen Regenten oder einem Gesetzbuch der Menschen und ihrer Staaten machen. Vom ältesten China bis zu den Sagen der Griechen spielt der Gedanke von einem idealen, himmlischen Leben der Menschen unter der Hegemonie der Musik ihre Rolle. Mit diesem Kultus der Musik (»in ewigen Verwandlungen begrüßt uns des Gesangs geheime Macht hienieden« — Novalis) hängt denn auch das Glasperlenspiel aufs innigste zusammen.

Wenn wir nun auch die Idee des Spieles als eine ewige und darum längst vor ihrer Verwirklichung schon immer vorhandene und sich regende erkennen, so hat ihre Verwirklichung in der uns bekannten Form doch ihre bestimmte Geschichte, von deren wichtigsten Etappen wir kurz zu berichten versuchen wollen.

Die geistige Bewegung, deren Früchte unter vielen anderen die Einrichtung des Ordens und das Glasperlenspiel sind, hat ihre Anfänge in einer Geschichtsperiode, welche seit den grundlegenden Untersuchungen des Literarhistorikers Plinius Ziegenhalß den von ihm geprägten Namen »Das feuilletonistische Zeitalter« trägt. Solche Namen sind hübsch, aber gefährlich, und verlocken stets dazu, irgendeinen Zustand des Menschenlebens in der Vergangenheit ungerecht zu betrachten, und so ist denn auch das »feuilletonistische« Zeitalter keineswegs etwa geistlos, ja nicht einmal arm an Geist gewesen. Aber es hat, so scheint es nach Ziegenhalß, mit seinem Geist wenig anzufangen gewußt, oder vielmehr, es hat dem Geist innerhalb der Ökonomie des Lebens und Staates nicht die ihm gemäße Stellung und Funktion anzuweisen gewußt. Offen gestanden, kennen wir jene Epoche sehr schlecht, obwohl sie der Boden ist, aus dem fast alles das gewachsen ist, was heute die Merkmale unsres geistigen Lebens ausmacht. Es war, nach Ziegenhalß, eine in besonderem Maße »bürgerliche« und einem weitgehenden Individualismus huldigende Epoche, und wenn wir, um ihre Atmosphäre anzudeuten, einige Züge nach Ziegenhalß' Darstellung anführen, so wissen wir wenigstens dies eine mit Gewißheit, daß diese Züge nicht erfunden oder wesentlich übertrieben und verzeichnet sind, denn sie sind von dem großen Forscher mit einer Unzahl von literarischen und anderen Dokumenten belegt. Wir schließen uns dem Gelehrten an, der bisher als einziger das »feuilletonistische« Zeitalter einer ernsthaften Untersuchung gewürdigt hat, und wollen dabei nicht vergessen, daß es leicht und töricht ist, über Irrtümer oder Unsitten ferner Zeiten die Nase zu rümpfen.

Die Entwicklung des geistigen Lebens in Europa scheint vom Ausgang des Mittelalters an zwei große Tendenzen gehabt zu haben: die Befreiung des Denkens und Glaubens von jeglicher autoritativen Beeinflussung, also den Kampf des sich souverän und mündig fühlenden Verstandes gegen die Herrschaft der Römischen Kirche und — andrerseits — das heimliche, aber leidenschaftliche Suchen nach einer Legitimierung dieser seiner Freiheit, nach einer neuen, aus ihm selbst kommenden, ihm adäquaten Autorität. Verallgemeinernd kann man wohl sagen: im großen ganzen hat der Geist diesen oft wunderlich widerspruchsvollen Kampf um zwei einander im Prinzip widersprechende Ziele gewonnen. Ob der Gewinn die zahllosen Opfer aufwiege, ob unsre heutige Ordnung des geistigen Lebens vollkommen genug sei und lange genug dauern werde, um alle die Leiden, Krämpfe und Abnormitäten von den Ketzerprozessen und Scheiterhaufen bis zu den Schicksalen der vielen in Wahnsinn oder Selbstmord geendeten »Genies« als sinnvolles Opfer erscheinen zu lassen, ist uns nicht erlaubt zu fragen. Die Geschichte ist geschehen — ob sie gut war, ob sie besser unterblieben wäre, ob wir ihren »Sinn« anerkennen mögen, dies ist ohne Bedeutung. So geschahen denn auch jene Kämpfe um die »Freiheit« des Geistes und haben in eben jener späten, feuilletonistischen Epoche dazu geführt, daß in der Tat der Geist eine unerhörte und ihm selbst nicht mehr erträgliche Freiheit genoß, indem er die kirchliche Bevormundung vollkommen, die staatliche teilweise überwunden, ein echtes, von ihm selbst formuliertes und respektiertes Gesetz, eine echte neue Autorität und Legitimität aber noch immer nicht gefunden hatte. Die Beispiele von Entwürdigung, Käuflichkeit, Selbstaufgabe des Geistes aus jener Zeit, die uns Ziegenhalß erzählt, sind zum Teil denn auch wirklich erstaunlich.

Wir müssen bekennen, daß wir außerstande sind, eine eindeutige Definition jener Erzeugnisse zu geben, nach welchen wir jene Zeit benennen, den »Feuilletons« nämlich. Wie es scheint, wurden sie, als ein besonders beliebter Teil im Stoff der Tagespresse, zu Millionen erzeugt, bildeten die Hauptnahrung der bildungsbedürftigen Leser, berichteten oder vielmehr »plauderten« über tausenderlei Gegenstände des Wissens, und, wie es scheint, machten die klügeren dieser Feuilletonisten sich oft über ihre eigene Arbeit lustig, wenigstens gesteht Ziegenhalß, auf zahlreiche solche Arbeiten gestoßen zu sein, welche er, da sie sonst vollkommen unverständlich wären, geneigt ist, als Selbstpersiflage ihrer Urheber zu deuten. Wohl möglich, daß in diesen industriemäßig erzeugten Artikeln eine Menge von Ironie und Selbstironie aufgebracht wurde, zu deren Verständnis der Schlüssel erst wieder gefunden werden müßte. Die Hersteller dieser Tändeleien gehörten teils den Redaktionen der Zeitungen an, teils waren sie »freie« Schriftsteller, wurden oft sogar Dichter genannt, aber es scheinen auch sehr viele von ihnen dem Gelehrtenstande angehört zu haben, ja Hochschullehrer von Ruf gewesen zu sein. Beliebte Inhalte solcher Aufsätze waren Anekdoten aus dem Leben berühmter Männer und Frauen und deren Briefwechsel, sie hießen etwa »Friedrich Nietzsche und die Frauenmode um 1870« oder »Die Lieblingsspeisen des Komponisten Rossini« oder »Die Rolle des Schoßhundes im Leben großer Kurtisanen« und ähnlich. Ferner liebte man historisierende Betrachtungen über aktuelle Gesprächsstoffe der Wohlhabenden, etwa »Der Traum von der künstlichen Herstellung des Goldes im Lauf der Jahrhunderte« oder »Die Versuche zur chemisch-physikalischen Beeinflussung der Witterung« und hundert ähnliche Dinge. Lesen wir die von Ziegenhalß angeführten Titel solcher Plaudereien, so gilt unsre Befremdung weniger dem Umstande, daß es Menschen gab, welche sie als tägliche Lektüre verschlangen, als vielmehr der Tatsache, daß Autoren von Ruf und Rang und guter Vorbildung diesen Riesenverbrauch an nichtigen Interessantheiten »bedienen« halfen, wie bezeichnenderweise der Ausdruck dafür lautete: der Ausdruck bezeichnet übrigens auch das damalige Verhältnis des Menschen zur Maschine. Zeitweise besonders beliebt waren die Befragungen bekannter Persönlichkeiten über Tagesfragen, welchen Ziegenhalß ein eigenes Kapitel widmet und bei welchen man zum Beispiel namhafte Chemiker oder Klaviervirtuosen sich über Politik, beliebte Schauspieler, Tänzer, Turner, Flieger oder auch Dichter sich über Nutzen und Nachteile des Junggesellentums, über die mutmaßlichen Ursachen von Finanzkrisen und so weiter äußern ließ. Es kam dabei einzig darauf an, einen bekannten Namen mit einem gerade aktuellen Thema zusammenzubringen: man lese bei Ziegenhalß die zum Teil frappanten Beispiele nach, er führt Hunderte an. Wie gesagt, war vermutlich dieser ganzen Betriebsamkeit ein gutes Teil Ironie beigemischt, vielleicht war es sogar eine dämonische, eine verzweifelte Ironie, wir können uns da nur sehr schwer hineindenken; von der großen Menge aber, welche damals auffallend leselustig gewesen zu sein scheint, sind alle diese grotesken Dinge ohne Zweifel mit gutgläubigem Ernst hingenommen worden. Wechselte ein berühmtes Gemälde den Besitzer, wurde eine wertvolle Handschrift versteigert, brannte ein altes Schloß ab, fand sich der Träger eines altadligen Namens in einen Skandal verwickelt, so erfuhren die Leser in vielen tausend Feuilletons nicht etwa nur diese Tatsachen, sondern bekamen schon am selben oder doch am nächsten Tage auch noch eine Menge von anekdotischem, historischem, psychologischem, erotischem und anderem Material über das jeweilige Stichwort, über jedes Tagesereignis ergoß sich eine Flut von eifrigem Geschreibe, und die Beibringung, Sichtung und Formulierung all dieser Mitteilungen trug durchaus den Stempel der rasch und verantwortungslos hergestellten Massenware. Übrigens gehörten, so scheint es, zum Feuilleton auch gewisse Spiele, zu welchen die Leserschaft selbst angeregt und durch welche ihre Überfütterung mit Wissensstoff aktiviert wurde, eine lange Anmerkung von Ziegenhaß über das wunderliche Thema »Kreuzworträtsel« berichtet davon. Es saßen damals Tausende und Tausende von Menschen, welche zum größern Teil schwere Arbeit taten und ein schweres Leben lebten, in ihren Freistunden über Quadrate und Kreuze aus Buchstaben gebückt, deren Lücken sie nach gewissen Spielregeln ausfüllten. Wir wollen uns hüten, bloß den lächerlichen oder verrückten Aspekt davon zu sehen, und wollen uns des Spottes darüber enthalten. Jene Menschen mit ihren Kinder-Rätselspielen und ihren Bildungsaufsätzen waren nämlich keineswegs harmlose Kinder oder spielerische Phäaken, sie saßen vielmehr angstvoll inmitten politischer, wirtschaftlicher und moralischer Gärungen und Erdbeben, haben eine Anzahl von schauerlichen Kriegen und Bürgerkriegen geführt, und ihre kleinen Bildungsspiele waren nicht bloß holde sinnlose Kinderei, sondern entsprachen einem tiefen Bedürfnis, die Augen zu schließen und sich vor ungelösten Problemen und angstvollen Untergangsahnungen in eine möglichst harmlose Scheinwelt zu flüchten. Sie lernten mit Ausdauer das Lenken von Automobilen, das Spielen schwieriger Kartenspiele und widmeten sich träumerisch dem Auflösen von Kreuzworträtseln — denn sie standen dem Tode, der Angst, dem Schmerz, dem Hunger beinahe schutzlos gegenüber, von den Kirchen nicht mehr tröstbar, vom Geist unberaten. Sie, die so viele Aufsätze lasen und Vorträge hörten, sie gönnten sich die Zeit und Mühe nicht, sich gegen die Furcht stark zu machen, die Angst vor dem Tode in sich zu bekämpfen, sie lebten zuckend dahin und glaubten an kein Morgen.

Es wurden auch Vorträge gehalten, und wir müssen auch diese etwas vornehmere Abart des Feuilletons kurz zur Sprache bringen. Es wurden von Fachleuten sowohl wie von geistigen Buschkleppern den Bürgern jener Zeit, welche noch sehr an dem seiner einstigen Bedeutung beraubten Begriff der Bildung hingen, außer den Aufsätzen auch Vorträge in großer Zahl geboten, nicht etwa nur im Sinne von Festreden bei besonderen Anlässen, sondern in wilder Konkurrenz und kaum begreiflicher Masse. Es konnte damals der Bürger einer mittelgroßen Stadt oder seine Frau etwa jede Woche einmal, in großen Städten aber so ziemlich jeden Abend Vorträge anhören, in welchen er über irgendein Thema theoretisch belehrt wurde, über Kunstwerke, über Dichter, Gelehrte, Forscher, Weltreisen, Vorträge, in welchen der Zuhörer rein passiv blieb und welche irgendeine Beziehung des Hörers zum Inhalt, irgendeine Vorbildung, irgendeine Vorbereitung und Aufnahmefähigkeit stillschweigend voraussetzten, ohne daß diese in den meisten Fällen vorhanden war. Es gab da unterhaltende, temperamentvolle oder witzige Vorträge etwa über Goethe, in welchen er im blauen Frack aus Postkutschen stieg und Straßburger oder Wetzlarer Mädchen verführte, oder über arabische Kultur, in welchen eine Anzahl von intellektuellen Modeworten wie im Würfelbecher durcheinandergeworfen wurden und jeder sich freute, wenn er eines von ihnen annähernd wiedererkannte. Man hörte Vorträge über Dichter, deren Werke man niemals gelesen hatte oder zu lesen gesonnen war, ließ sich etwa dazu auch mit Lichtbildapparaten Abbildungen vorführen und kämpfte sich, genau wie im Feuilleton der Zeitungen, durch eine Sintflut von vereinzelten, ihres Sinnes beraubten Bildungswerten und Wissensbruchstücken. Kurz, man stand schon dicht vor jener grauenhaften Entwertung des Wortes, welche vorerst ganz im geheimen und in kleinsten Kreisen jene heroisch-asketische Gegenbewegung hervorrief, welche bald darauf sichtbar und mächtig und der Ausgang einer neuen Selbstzucht und

Würde des Geistes wurde.

Die Unsicherheit und Unechtheit des geistigen Lebens jener Zeit, welche doch sonst in mancher Hinsicht Tatkraft und Größe zeigte, erklären wir Heutigen uns als ein Symptom des Entsetzens, das den Geist befiel, als er sich am Ende einer Epoche scheinbaren Siegens und Gedeihens plötzlich dem Nichts gegenüber fand: einer großen materiellen Not, einer Periode politischer und kriegerischer Gewitter und einem über Nacht emporgeschossenen Mißtrauen gegen sich selbst, gegen seine eigene Kraft und Würde, ja gegen seine eigene Existenz. Dabei fielen in jene Periode der Untergangsstimmung noch manche sehr hohe geistige Leistungen, unter anderm die Anfänge einer Musikwissenschaft, deren dankbare Erben wir sind. Aber so leicht es ist, beliebige Abschnitte der Vergangenheit in die Weltgeschichte schön und sinnvoll einzuordnen, so unfähig ist jede Gegenwart zu ihrer Selbsteinordnung, und so griff damals, bei raschem Sinken der geistigen Ansprüche und Leistungen bis zu einem sehr bescheidenen Niveau, gerade unter den Geistigen eine furchtbare Unsicherheit und Verzweiflung um sich. Soeben nämlich hatte man entdeckt (eine seit Nietzsche schon da und dort geahnte Entdeckung), daß es mit der Jugend und der schöpferischen Periode unsrer Kultur vorüber, daß das Alter und die Abenddämmerung angebrochen sei, und aus dieser plötzlich von allen gefühlten und von vielen schroff formulierten Einsicht erklärte man sich so viele beängstigende Zeichen der Zeit: die öde Mechanisierung des Lebens, das tiefe Sinken der Moral, die Glaubenslosigkeit der Völker, die Unechtheit der Kunst. Es war, wie in jenem wunderbaren chinesischen Märchen, die »Musik des Untergangs« erklungen, wie ein langdröhnender Orgelbaß schwang sie jahrzehntelang aus, rann als Korruption in die Schulen, die Zeitschriften, die Akademien, rann als Schwermut und Geisteskrankheit in die meisten der noch ernst zu nehmenden Künstler und Zeitkritiker, tobte sich als wilde und dilettantische Überproduktion in allen Künsten aus. Es gab verschiedene Haltungen diesem eingedrungenen und nicht mehr hinwegzuzaubernden Feinde gegenüber. Man konnte die bittere Wahrheit schweigend erkennen und sie stoisch ertragen, das taten manche der Besten. Man konnte sie wegzulügen versuchen, und dazu boten die literarischen Verkünder der Lehre vom Untergang der Kultur manchen bequemen Angriffspunkt; außerdem hatte, wer den Kampf gegen jene drohenden Propheten aufnahm, beim Bürger Gehör und Einfluß, denn daß die Kultur, die man noch gestern zu besitzen gemeint hatte und auf die man so stolz gewesen war, gar nicht mehr am Leben sein, daß die vom Bürger geliebte Bildung, die von ihm geliebte Kunst keine echte Bildung und keine echte Kunst mehr sein solle, das schien ihm nicht weniger frech und unerträglich als die plötzlichen Geldinflationen und als die Bedrohung seiner Kapitalien durch Revolutionen. Außerdem gab es gegen die große Untergangsstimmung noch die zynische Haltung, man ging tanzen und erklärte jede Sorge um die Zukunft für altväterische Torheit, man sang stimmungsvolle Feuilletons über das nahe Ende der Kunst, der Wissenschaft, der Sprache, man stellte mit einer gewissen Selbstmörder-Wollust in der Feuilleton-Welt, die man selber aus Papier gebaut hatte, eine vollständige Demoralisierung des Geistes, eine Inflation der Begriffe fest und tat, als sähe man mit zynischer Gelassenheit oder bacchantischer Hingerissenheit zu, wie nicht bloß Kunst, Geist, Sitte, Redlichkeit, sondern sogar Europa und »die Welt« unterging. Es herrschte bei den Guten ein still-düsterer, bei den Schlechten ein hämischer Pessimismus, und es mußte erst ein Abbau des Überlebten und eine gewisse Umordnung der Welt und der Moral durch Politik und Krieg vorangehen, ehe auch die Kultur einer wirklichen Selbstbetrachtung und neuen Einordnung fähig wurde.

Indessen hatte diese Kultur während der Jahrzehnte des Überganges nicht im Schlaf gelegen, sondern gerade während ihres Verfalls und ihrer scheinbaren Selbstaufgabe durch die Künstler, Professoren und Feuilletonisten gelangte sie im Gewissen einzelner zu schärfster Wachheit und Selbstprüfung. Schon mitten in der Blütezeit des Feuilletons gab es überall einzelne und kleine Gruppen, welche entschlossen waren, dem Geist treu zu bleiben und mit allen Kräften einen Kern von guter Tradition, von Zucht, Methode und intellektuellem Gewissen über diese Zeit hinwegzuretten. Soweit diese Vorgänge uns heute erkennbar sind, scheint der Prozeß der Selbstprüfung, der Besinnung und des bewußten Widerstandes gegen den Verfall sich hauptsächlich in zwei Gruppen vollzogen zu haben. Das Kulturgewissen der Gelehrten flüchtete sich in die Forschungen und Lehrmethoden der Musikgeschichte, denn diese Wissenschaft kam eben damals in die Höhe, und mitten in der Feuilletonwelt züchteten zwei berühmt gewordene Seminare eine vorbildlich saubere und gewissenhafte Arbeitsmethode hoch. Und als wolle das Schicksal diesen Bemühungen einer winzig kleinen tapferen Kohorte tröstlich zunicken, geschah mitten in der trübsten Zeit jenes holde Wunder, an sich ein Zufall, aber wirkend wie eine göttliche Bestätigung: die Wiederauffindung der elf Manuskripte von Johann Sebastian Bach aus dem einstigen Besitz seines Sohnes Friedemann! Ein zweiter Punkt des Widerstandes gegen die Entartung war der Bund der Morgenlandfahrer, dessen Brüder weniger eine intellektuelle als eine seelische Zucht, eine Pflege der Frömmigkeit und Ehrfurcht betrieben — von dieser Seite her gewann unsre heutige Form der Geistespflege und des Glasperlenspiels wichtige Antriebe, namentlich nach der kontemplativen Seite hin. Auch an den neuen Einsichten in das Wesen unsrer Kultur und in die Möglichkeiten ihres Fortbestehens hatten die Morgenlandfahrer Anteil, nicht so sehr durch wissenschaftlich-analytische Leistungen als durch ihre auf alten Geheimübungen beruhende Fähigkeit des magischen Eintretens in entlegene Zeiten und Kulturzustände. Es gab unter ihnen zum Beispiel Musikanten und Sänger, von welchen versichert wird, daß sie die Fähigkeit besaßen, Musiken früherer Epochen in der vollkommenen alten Reinheit auszuführen, also zum Beispiel eine Musik von 1600 oder 1650 genau so zu spielen und zu singen, als seien alle später hinzugekommenen Moden, Verfeinerungen, Virtuositäten noch unbekannt. Es war dies zu jener Zeit, wo die Sucht nach Dynamik und Steigerung alles Musizieren beherrschte und wo man über der Ausführung und der »Auffassung« des Dirigenten beinahe der Musik selbst vergaß, etwas Unerhörtes; es wird berichtet, daß die Zuhörer teils vollkommen verständnislos blieben, teils aber aufhorchten und zum erstenmal in ihrem Leben Musik zu hören glaubten, als ein Orchester der Morgenlandfahrer zum erstenmal öffentlich eine Suite aus der Zeit vor Händel vollkommen ohne Schwellungen und Abschwellungen spielte, mit der Naivität und Keuschheit einer andern Zeit und Welt. Einer vom Bunde hat in der Bundeshalle zwischen Bremgarten und Morbio eine Bachorgel gebaut, vollkommen so, wie Johann Sebastian Bach sie sich hätte bauen lassen, wenn er die Mittel und Möglichkeit dazu besessen hätte. Der Orgelbauer hat nach einem bei seinem Bunde schon damals geltenden Grundsatz seinen Namen verborgen gehalten und sich Silbermann genannt, nach seinem Vorgänger im achtzehnten Jahrhundert.

Wir haben uns damit den Quellen genähert, aus welchen unser heutiger Kulturbegriff entstanden ist. Eine der wichtigsten war die jüngste der Wissenschaften, die Musikgeschichte und musikalische Ästhetik, sodann ein bald darauf erfolgter Aufschwung der Mathematik, hinzu kam ein Tropfen Öl aus der Weisheit der Morgenlandfahrer und, in engstem Zusammenhang mit der neuen Auffassung und Sinndeutung der Musik, jene ebenso heitere wie resignierte, tapfere Stellungnahme zum Problem der Kulturlebensalter. Es wäre unnütz, hier viel davon zu reden, diese Dinge sind jedem bekannt. Das wichtigste Ergebnis dieser neuen Einstellung, vielmehr dieser neuen Einordnung in den Kulturprozeß war ein sehr weitgehender Verzicht auf das Hervorbringen von Kunstwerken, die allmähliche Loslösung der geistigen aus dem Weltbetrieb und — nicht minder wichtig und die Blüte des Ganzen: das Glasperlenspiel.

Auf die Anfänge des Spiels hat die schon bald nach 1900, noch mitten in der Hochblüte des Feuilletons, einsetzende Vertiefung der Musikwissenschaft den denkbar größten Einfluß geübt. Wir, Erben dieser Wissenschaft, glauben die Musik der großen schöpferischen Jahrhunderte, besonders die des siebzehnten und achtzehnten Jahrhunderts, besser zu kennen und in gewissem Sinn sogar besser zu verstehen, als alle früheren Epochen (die der klassischen Musik selbst einbegriffen) es taten. Natürlich haben wir Nachfahren ein ganz und gar anderes Verhältnis zur klassischen Musik, als es die Menschen der schöpferischen Epochen hatten; unsre vergeistigte und von resignierter Melancholie nicht immer genügend freie Verehrung der echten Musik ist etwas völlig anderes als die holde naive Musizierfreudigkeit jener Zeiten, welche wir geneigt sind als glücklichere zu beneiden, sooft wir über eben dieser ihrer Musik die Zustände und Schicksale vergessen, in welchen sie entstand. Wir sehen seit Generationen nicht mehr, wie es noch fast das ganze zwanzigste Jahrhundert tat, die Philosophie oder auch die Dichtung, sondern die Mathematik und die Musik als die große bleibende Leistung jener Kulturperiode an, welche zwischen dem Ende des Mittelalters und unsern Zeiten liegt. Seit wir — im großen ganzen wenigstens — darauf verzichtet haben, schöpferisch mit jenen Generationen zu wetteifern, seit wir auch jenem Kult der Vorherrschaft des Harmonischen und der rein sinnlichen Dynamik im Musizieren entsagt haben, der etwa von Beethoven und der beginnenden Romantik an durch zwei Jahrhunderte die Musikübung beherrscht hat, glauben wir — auf unsre Weise natürlich, auf unsre unschöpferische, epigone, aber ehrfürchtige Weise! — das Bild jener Kultur, deren Erben wir sind, reiner und richtiger zu sehen. Wir besitzen nichts mehr von der schwelgerischen Produktionslust jener Zeiten, es ist uns ein beinahe unbegreifliches Schauspiel, wie im fünfzehnten und sechzehnten Jahrhundert sich die musikalischen Stile so lange in unveränderter Reinheit erhalten konnten, wie unter der Riesenmasse an damals geschriebener Musik sich überhaupt nichts Schlechtes scheint auffinden zu lassen, wie noch das achtzehnte Jahrhundert, das der beginnenden Degeneration, ein Feuerwerk von Stilen, Moden und Schulen emportreibt, raschlebig strahlend und selbstbewußt — aber wir glauben in dem, was wir heute klassische Musik nennen, das Geheimnis, den Geist, die Tugend und die Frömmigkeit jener Generationen verstanden und als Vorbild übernommen zu haben. Wir halten zum Beispiel heute wenig oder nichts von der Theologie und der kirchlichen Kultur des achtzehnten Jahrhunderts oder von der Philosophie der Aufklärungszeit, aber wir sehen in den Kantaten, Passionen und Vorspielen Bachs die letzte Sublimierung der christlichen Kultur.

Übrigens hat das Verhältnis unsrer Kultur zur Musik noch ein uraltes und höchst ehrwürdiges Vorbild, ihm bringt das Glasperlenspiel hohe Verehrung dar. Im sagenhaften China der »alten Könige«, erinnern wir uns, war der Musik im Staats- und Hofleben eine führende Rolle zuerteilt; man identifizierte geradezu den Wohlstand der Musik mit dem der Kultur und Moral, ja des Reiches, und die Musikmeister hatten streng über der Wahrung und Reinhaltung der »alten Tonarten« zu wachen. Verfiel die Musik, so war das ein sicheres Zeichen für den Niedergang der Regierung und des Staates. Und die Dichter erzählten furchtbare Märchen von den verbotenen, teuflischen und dem Himmel entfremdeten Tonarten, zum Beispiel der Tonart Tsing Schang und Tsing Tse, der »Musik des Untergangs«, bei deren frevelhaftem Anstimmen im Königsschloß alsbald der Himmel sich verfinsterte, die Mauern erbebten und stürzten und Fürst und Reich zu Falle kamen. Statt vieler anderer Worte der alten Autoren führen wir einige Stellen aus dem Musikkapitel in Lü Bu We's »Frühling und Herbst« hier an:

»Die Ursprünge der Musik liegen weit zurück. Sie entsteht aus dem Maß und wurzelt in dem großen Einen. Das große Eine erzeugt die zwei Pole; die zwei Pole erzeugen die Kraft des Dunkeln und des Lichten.

Wenn die Welt in Frieden ist, wenn alle Dinge in Ruhe sind, alle in ihren Wandlungen ihren Oberen folgen, dann läßt sich die Musik vollenden. Wenn die Begierden und Leidenschaften nicht auf falschen Bahnen gehen, dann läßt sich die Musik vervollkommnen. Die vollkommene Musik hat ihre Ursache. Sie entsteht aus dem Gleichgewicht. Das Gleichgewicht entsteht aus dem Rechten, das Rechte entsteht aus dem Sinn der Welt. Darum vermag man nur mit einem Menschen, der den Weltsinn erkannt hat, über die Musik zu reden.

Die Musik beruht auf der Harmonie zwischen Himmel und Erde, auf der Übereinstimmung des Trüben und des Lichten.

Die verfallenden Staaten und die zum Untergang reifen Menschen entbehren freilich auch nicht der Musik, aber ihre Musik ist nicht heiter. Darum: je rauschender die Musik, desto melancholischer werden die Menschen, desto gefährdeter wird das Land, desto tiefer sinkt der Fürst. Auf diese Weise geht auch das Wesen der Musik verloren.

Was alle heiligen Fürsten an der Musik geschätzt haben, war ihre Heiterkeit. Die Tyrannen Giä und Dschou Sin machten rauschende Musik. Sie hielten die starken Klänge für schön und Massenwirkungen für interessant. Sie strebten nach neuen und seltsamen Klangwirkungen, nach Tönen, die noch kein Ohr gehört; sie suchten einander zu überbieten und überschritten Maß und Ziel.

Ursache des Verfalls des Staates Tschu war, daß sie die Zaubermusik erfanden. Rauschend genug ist ja eine solche Musik, aber in Wahrheit hat sie sich vom Wesen der Musik entfernt. Weil sie sich vom Wesen der eigentlichen Musik entfernt hat, darum ist diese Musik nicht heiter. Ist die Musik nicht heiter, so murrt das Volk, und das Leben wird geschädigt. Das alles entsteht daraus, daß man das Wesen der Musik verkennt und nur auf rauschende Klangwirkungen aus ist.

Darum ist die Musik eines wohlgeordneten Zeitalters ruhig und heiter, und die Regierung gleichmäßig. Die Musik eines unruhigen Zeitalters ist aufgeregt und grimmig, und seine Regierung ist verkehrt. Die Musik eines verfallenden Staates ist sentimental und traurig, und seine Regierung ist gefährdet.«

Die Sätze dieses Chinesen nun weisen uns ziemlich deutlich auf die Ursprünge und auf den eigentlichen, beinahe vergessenen Sinn aller Musik hin. Gleich dem Tanz und gleich jeder Kunstübung nämlich ist die Musik in vorgeschichtlichen Zeiten ein Zaubermittel gewesen, eines der alten und legitimen Mittel der Magie. Beginnend mit dem Rhythmus (Händeklatschen, Aufstampfen, Hölzerschlagen, früheste Trommelkunst) war sie ein kräftiges und erprobtes Mittel, eine Mehrzahl und Vielzahl von Menschen gleich zu »stimmen«, ihren Atem, Herzschlag und Gemütszustand in gleichen Takt zu bringen, die Menschen zur Anrufung und Beschwörung der ewigen Mächte, zum Tanz, zum Wettkampf, zum Kriegszug, zur heiligen Handlung zu ermutigen. Und dies ursprüngliche, reine und urmächtige Wesen, das Wesen eines Zaubers, ist der Musik sehr viel länger erhalten geblieben als den anderen Künsten, man erinnere sich nur der vielen Aussagen der Geschichtsschreiber und Dichter über die Musik, von den Griechen bis zu Goethes Novelle. In der Praxis hat der Marsch und der Tanz seine Bedeutung nie verloren. — Aber kehren wir zum eigentlichen Thema zurück!

Über die Anfänge des Glasperlenspiels wollen wir nun kurz das Wissenswerteste berichten. Es entstand, wie es scheint, gleichzeitig in Deutschland und in England, und zwar in beiden Ländern als Spielübung in jenen kleinen Kreisen von Musikgelehrten und Musikern, die in den neuen musiktheoretischen Seminaren arbeiteten und studierten. Und wenn man den anfänglichen Zustand des Spieles mit dem späteren und heutigen vergleicht, so ist es ganz ähnlich, als vergliche man eine musikalische Notenschrift aus der Zeit vor 1500 und ihre primitiven Notenzeichen, zwischen denen sogar die Taktstriche noch fehlen, mit einer Partitur aus dem achtzehnten Jahrhundert oder gar mit einer aus dem neunzehnten mit ihrer verwirrenden Überfülle an abgekürzten Bezeichnungen für Dynamik, Tempi, Phrasierung und so weiter, welche oft den Druck solcher Partituren zu einem schweren technischen Problem machte.

Das Spiel war zunächst nichts weiter als eine witzige Art von Gedächtnis- und Kombinationsübung unter den Studenten und Musikanten, und wie gesagt wurde es sowohl in England wie in Deutschland gespielt, noch ehe es hier an der Musikhochschule von Köln »erfunden« wurde und seinen Namen erhielt, den es auch heute nach so vielen Generationen noch trägt, obwohl es seit langer Zeit mit Glasperlen nichts mehr zu tun hat. Dieser Glasperlen bediente sich der Erfinder, Bastian Perrot aus Calw, ein etwas wunderlicher, aber kluger und gesellig-menschenfreundlicher Musiktheoretiker, an Stelle von Buchstaben, Zahlen, Musiknoten oder anderer graphischer Zeichen. Perrot, der übrigens auch eine Abhandlung über »Blüte und Verfall der Kontrapunktik« hinterlassen hat, fand im Kölner Seminar eine von den Schülern schon ziemlich weit enwickelte Spielgewohnheit vor: sie riefen einander in den abkürzenden Formeln ihrer Wissenschaft beliebige Motive oder Anfänge aus klassischen Kompositionen zu, worauf der Angerufene entweder mit der Fortsetzung des Stückes oder noch besser mit einer Ober- oder Unterstimme, einem kontrastierenden Gegenthema und so weiter zu antworten hatte. Es war eine Gedächtnis- und Improvisierübung, wie sie ganz ähnlich (wenn auch nicht theoretisch in Formeln, sondern praktisch am Cembalo, mit der Laute, der Flöte oder der Singstimme) möglicherweise einst bei eifrigen Musik- und Kontrapunktschülern in der Zeit von Schütz, Pachelbel und Bach mochte im Schwange gewesen sein. Bastian Perrot, ein Freund handwerklicher Betätigung, der sich mit eigener Hand mehrere Klaviere und Klavichorde nach Art der alten gebaut hat, der höchstwahrscheinlich zu den Morgenlandfahrern gehörte und von dem die Sage geht, er habe die Violine auf die alte, seit 1800 vergessene Art mit hochgewölbtem Bogen und handregulierter Haarspannung zu spielen vermocht — Perrot konstruierte sich, nach dem Vorbild naiver Kugelzählapparate für Kinder, einen Rahmen mit einigen Dutzend Drähten darin, auf welchen er Glasperlen von verschiedener Größe, Form und Farbe aneinanderreihen konnte. Die Drähte entsprachen den Notenlinien, die Perlen den Notenwerten und so weiter, und so baute er aus Glasperlen musikalische Zitate oder erfundene Themata, veränderte, transponierte, entwickelte sie, wandelte sie ab und stellte ihnen andre gegenüber. Dies war, was das Technische betrifft, zwar eine Spielerei, gefiel aber den Schülern, wurde nachgeahmt und Mode, auch in England, und eine Zeitlang wurde das Musikübungsspiel auf diese primitiv-anmutige Art betrieben. Und wie so oft, hat auch hier eine langdauernde und bedeutungsvolle Einrichtung ihren Namen von einer vergänglichen Nebensache empfangen. Das, was aus jenem Seminaristenspiel und aus Perrots perlenbehängten Drähten später geworden ist, trägt noch heute den volkstümlich gewordenen Namen Glasperlenspiel.

Kaum zwei, drei Jahrzehnte später scheint das Spiel unter den Musikstudenten an Beliebtheit eingebüßt zu haben, dafür aber von den Mathematikern übernommen worden zu sein, und lange Zeit blieb das ein kennzeichnender Zug in der Geschichte des Spieles, daß es stets von derjenigen Wissenschaft bevorzugt und benutzt und weitergebildet wurde, welche jeweils eine besondere Blüte oder Renaissance erlebte. Bei den Mathematikern wurde das Spiel zu einer hohen Beweglichkeit und Sublimierungsfähigkeit gebracht und gewann schon etwas wie ein Bewußtsein seiner selbst und seiner Möglichkeiten, und das ging parallel mit der allgemeinen Entwicklung des damaligen Kulturbewußtseins, das die große Krise überwunden hatte und sich, wie Plinius Ziegenhalß es ausdrückt, »mit bescheidenem Stolze in die Rolle fand, einer Spätkultur, einem Zustande anzugehören, welcher etwa dem der Spätantike, des hellenistisch-alexandrinischen Zeitalters entsprach«.

So Ziegenhalß. Wir suchen nun unsern Abriß einer Geschichte des Glasperlenspieles zu Ende zu bringen und stellen fest: Von den musikalischen zu den mathematischen Seminaren übergegangen (eine Wandlung, die sich in Frankreich und England eher noch rascher als in Deutschland vollzog), war das Spiel so weit entwickelt, daß es in besonderen Zeichen und Abbreviaturen mathematische Vorgänge auszudrücken vermochte; die Spieler bedienten einander, sie gegenseitig entwickelnd, mit diesen abstrakten Formeln, spielten einander Entwicklungsreihen und Möglichkeiten ihrer Wissenschaft vor. Dies mathematisch-astronomische Formelspiel erforderte eine große Aufmerksamkeit, Wachheit und Konzentration, unter den Mathematikern galt schon damals der Ruf eines guten Glasperlenspielers viel, er war gleichbedeutend mit dem eines sehr guten Mathematikers.

Das Spiel wurde von beinahe allen Wissenschaften zeitweise übernommen und nachgeahmt, das heißt auf ihr Gebiet angewendet, bezeugt ist dies für die Gebiete der klassischen Philologie und der Logik. Die analytische Betrachtung der Musikwerte hatte dazu geführt, daß man musikalische Abläufe in physikalisch-mathematische Formeln einfing. Wenig später begann die Philologie mit dieser Methode zu arbeiten und sprachliche Gebilde nach der Weise auszumessen, wie die Physik Naturvorgänge maß; es schloß die Untersuchung der bildenden Künste sich an, wo von der Architektur her die Beziehung zur Mathematik schon längst vorhanden war. Und nun entdeckte man zwischen den auf diesem Wege gewonnenen abstrakten Formeln immer neue Beziehungen, Analogien und Entsprechungen. Jede Wissenschaft, die sich des Spiels bemächtigte, schuf sich zu diesem Zweck eine Spielsprache von Formeln, Abbreviaturen und Kombinationsmöglichkeiten, überall unter der Elite der geistigen Jugend waren die Spiele mit den Formelfolgen und Formeldialogen beliebt. Das Spiel war nicht bloß Übung und nicht bloß Erholung, es war konzentriertes Selbstgefühl einer Geisteszucht, besonders die Mathematiker betrieben es mit einer zugleich asketischen und sportsmännischen Virtuosität und formalen Strenge, und fanden darin einen Genuß, der ihnen den damals schon konsequent durchgeführten Verzicht der Geistigen auf weltliche Genüsse und Bestrebungen erleichtern half. An der völligen Überwindung des Feuilletons und an jener neu erwachten Freude an den exaktesten Übungen des Geistes, der wir die Entstehung einer neuen Geisteszucht von mönchischer Strenge verdanken, hatte das Glasperlenspiel großen Anteil. Die Welt hatte sich verändert. Man könnte das Geistesleben der Feuilletonepoche mit einer entarteten Pflanze vergleichen, die sich in hypertrophischen Wucherungen vergeudet, und die nachfolgenden Korrekturen mit einem Zurückschneiden der Pflanze bis auf die Wurzeln. Die jungen Menschen, welche jetzt sich geistigen Studien widmen wollten, verstanden darunter nicht mehr ein Herumnaschen an den Hochschulen, wo ihnen von berühmten und redseligen Professoren ohne Autorität die Reste der einstigen höheren Bildung dargereicht wurden: sie mußten jetzt ebenso streng und noch strenger und methodischer lernen, als es einst die Ingenieure an den Polytechniken gemußt hatten. Sie hatten einen steilen Weg zu gehen, mußten an der Mathematik und an aristotelisch-scholastischen Übungen ihr Denkvermögen reinigen und steigern und mußten außerdem auf alle die Güter vollkommen verzichten lernen, welche vorher einer Reihe von Gelehrtengenerationen als erstrebenswert gegolten hatten: auf raschen und leichten Gelderwerb, auf Ruhm und Ehrungen in der Öffentlichkeit, auf das Lob der Zeitungen, auf Ehen mit den Töchtern der Bankiers und Fabrikanten, auf Verwöhnung und Luxus im materiellen Leben. Die Dichter mit den hohen Auflagen, den Nobelpreisen und hübschen Landhäusern, die großen Mediziner mit den Orden und den Livreedienern, die Akademiker mit den reichen Gattinnen und den glänzenden Salons, die Chemiker mit den Aufsichtsratsstellen in der Industrie, die Philosophen mit den Feuilletonfabriken und den hinreißenden Vorträgen in überfüllten Sälen mit Applaus und Blumenspenden — alle diese Figuren waren verschwunden und sind bis heute nicht wiedergekommen. Wohl gab es auch jetzt noch begabte junge Leute in Menge, welchen jene Figuren beneidete Vorbilder waren, aber die Wege zur öffentlichen Ehrung, zum Reichtum, Ruhm und Luxus führten jetzt nicht mehr durch die Hörsäle, Seminare und Doktorarbeiten, die tief gesunkenen geistigen Berufe hatten in den Augen der Welt Bankrott gemacht und hatten sich dafür eine büßerisch-fanatische Hingabe an den Geist wieder erobert. Jene Talente, welche mehr nach Glanz oder Wohlleben strebten, mußten der unliebenswürdig gewordenen Geistigkeit den Rücken kehren und jene Berufe aufsuchen, welchen das Wohlergehen und Geldverdienen überlassen worden war.

Es würde zu weit führen, wenn wir des näheren schildern wollten, in welcher Weise der Geist sich nach seiner Reinigung auch im Staate durchsetzte. Es wurde bald die Erfahrung gemacht, daß wenige Generationen einer laxen und gewissenlosen Geisteszucht genügt hatten, auch das praktische Leben ganz empfindlich zu schädigen, daß Können und Verantwortlichkeit in allen höheren Berufen, auch den technischen, immer seltener wurden, und so wurde die Pflege des Geistes in Staat und Volk, namentlich das ganze Schulwesen, von den Geistigen mehr und mehr monopolisiert, wie ja auch heute noch in fast allen Ländern Europas die Schule, soweit sie nicht unter der Kontrolle der Römischen Kirche blieb, in den Händen jener anonymen Orden ist, die sich aus der Elite der Geistigen rekrutieren. So unbequem zuweilen der öffentlichen Meinung die Strenge und der sogenannte Hochmut dieser Kaste sein mögen, sooft einzelne gegen sie revoltiert haben — diese Leitung steht noch unerschüttert, es hält und schützt sie nicht nur ihre Integrität, ihr Verzicht auf andre Güter und Vorteile als geistige, sondern es schützt sie auch das längst allgemein gewordene Wissen oder Ahnen um die Notwendigkeit dieser strengen Schule für den Fortbestand der Zivilisation. Man weiß oder ahnt: wenn das Denken nicht rein und wach und die Verehrung des Geistes nicht mehr gültig ist, dann gehen bald auch die Schiffe und Automobile nicht mehr richtig, dann wackelt für den Rechenschieber des Ingenieurs wie für die Mathematik der Bank und Börse alle Gültigkeit und Autorität, dann kommt das Chaos. Es dauerte immerhin lange genug, bis die Erkenntnis sich Bahn brach, daß auch die Außenseite der Zivilisation, auch die Technik, die Industrie, der Handel und so weiter der gemeinsamen Grundlage einer geistigen Moral und Redlichkeit bedürfen.

Was nun dem Glasperlenspiel zu jener Zeit noch fehlte, das war die Fähigkeit zur Universalität, das Schweben über den Fakultäten. Es trieben die Astronomen, die Griechen, die Lateiner, die Scholastiker, die Musikstudenten ihre geistvoll geregelten Spiele, aber das Spiel hatte für jede Fakultät, jede Disziplin und ihre Abzweigungen eine eigene Sprache und Regelwelt. Es dauerte ein halbes Jahrhundert, bis der erste Schritt zur Überbrückung dieser Grenzen geschah. Die Ursache dieser Langsamkeit war ohne Zweifel mehr eine moralische als eine formale und technische: die Mittel zur Überbrückung wären schon zu finden gewesen, aber mit der ganzen strengen Moral der neu erstandenen Geistigkeit hing eine puritanische Scheu vor »Allotria«, vor Vermischung der Disziplinen und Kategorien zusammen, eine tiefe und wohlberechtigte Scheu vor dem Rückfall in die Sünde der Spielerei und des Feuilletons.

Es war die Tat eines einzelnen, die nun das Glasperlenspiel beinahe mit einem einzigen Schritt zum Bewußtsein seiner Möglichkeiten und damit an die Schwelle der universalen Ausbildungsfähigkeit brachte, und wieder war es die Verbindung mit der Musik, welche dem Spiel diesen Fortschritt brachte. Ein Schweizer Musikgelehrter, zugleich fanatischer Liebhaber der Mathematik, gab dem Spiel eine neue Wendung und damit die Möglichkeit zur höchsten Entfaltung. Der bürgerliche Name dieses großen Mannes ist nicht mehr zu ermitteln, seine Zeit kannte den Kultus der Person auf den geistigen Gebieten schon nicht mehr, in der Geschichte lebt er als Lusor (auch: Joculator) Basiliensis fort. Seine Erfindung, wie jede Erfindung, war zwar durchaus seine persönliche Leistung und Gnade, kam aber keineswegs nur aus einem privaten Bedürfnis und Streben, sondern war von einem stärkeren Motor getrieben. Unter den Geistigen seiner Zeit war überall ein leidenschaftliches Verlangen nach einer Ausdrucksmöglichkeit für ihre neuen Denkinhalte lebendig, man sehnte sich nach Philosophie, nach Synthese, man empfand das bisherige Glück der reinen Zurückgezogenheit auf seine Disziplin als unzulänglich, da und dort durchbrach ein Gelehrter die Schranken der Fachwissenschaft und versuchte ins Allgemeine vorzustoßen, man träumte von einem neuen Alphabet, einer neuen Zeichensprache, in welcher es möglich würde, die neuen geistigen Erlebnisse festzuhalten und auszutauschen. Zeugnis davon gibt mit besonderer Eindringlichkeit die Schrift eines Pariser Gelehrten jener Jahre mit dem Titel »Chinesischer Mahnruf«. Der Urheber dieser Schrift, zu seiner Zeit von vielen als eine Art Don Quichotte bespöttelt, übrigens ein angesehener Gelehrter auf seinem

Gebiete, der chinesischen Philologie, setzt auseinander, welchen Gefahren die Wissenschaft und Geistespflege trotz ihrer braven Haltung entgegengehe, wenn sie darauf verzichte, eine internationale Zeichensprache auszubauen, welche ähnlich der alten chinesischen Schrift es erlaube, das Komplizierteste ohne Ausschaltung der persönlichen Phantasie und Erfinderkraft in einer Weise graphisch auszudrücken, welche allen Gelehrten der Welt verständlich wäre. Den wichtigsten Schritt nun zur Erfüllung dieser Forderung hat der Joculator Basiliensis getan. Er erfand für das Glasperlenspiel die Grundsätze einer neuen Sprache, nämlich einer Zeichen- und Formelsprache, an welcher die Mathematik und die Musik gleichen Anteil hatten, in welcher es möglich wurde, astronomische und musikalische Formeln zu verbinden, Mathematik und Musik gleichsam auf einen gemeinsamen Nenner zu bringen. Wenn auch die Entwicklung damit keineswegs abgeschlossen war, den Grund zu allem Späteren in der Geschichte unseres teuren Spieles hat damals der Basler Unbekannte gelegt.

Das Glasperlenspiel, einst die Spezialunterhaltung bald der Mathematiker, bald der Philologen oder Musiker, zog nun mehr und mehr alle wahrhaft Geistigen in seinen Bann. Manche alte Akademie, manche Loge und besonders der uralte Bund der Morgenlandfahrer wendeten sich ihm zu. Auch einige der katholischen Orden witterten hier eine neue Geistesluft und ließen sich von ihr entzücken, namentlich wurde in einigen Benediktinerabteien dem Spiele so viel Teilnahme gewidmet, daß schon damals die auch später gelegentlich wieder auftauchende Frage akut wurde, ob eigentlich dieses Spiel von Kirche und Kurie geduldet, unterstützt oder verboten werden müsse.

Seit der Großtat des Baslers nun hat das Spiel sich rasch vollends zu dem entwickelt, was es noch heute ist: zum Inbegriff des Geistigen und Musischen, zum sublimen Kult, zur Unio Mystica aller getrennten Glieder der Universitas Litterarum. Es hat in unsrem Leben teils die Rolle der Kunst, teils die der spekulativen Philosophie übernommen und wurde zum Beispiel zur Zeit des Plinius Ziegenhalß nicht selten auch mit einem Ausdruck bezeichnet, welcher noch aus der Dichtung der feuilletonistischen Epoche stammt und für diese Epoche das Sehnsuchtsziel manches vorahnenden Geistes benannte, mit dem Ausdruck: magisches Theater.

War nun das Glasperlenspiel seit seinen Anfängen an Technik und an Umfang der Stoffe ins Unendliche gewachsen und, was die geistigen Ansprüche an die Spieler betrifft, zu einer hohen Kunst und Wissenschaft geworden, so fehlte ihm in den Zeiten des Baslers doch noch etwas Wesentliches. Bis dahin nämlich war jedes Spiel ein Aneinanderreihen, Ordnen, Gruppieren und Gegeneinanderstellen von konzentrierten Vorstellungen aus vielen Gebieten des Denkens und des Schönen gewesen, ein rasches Sicherinnern an überzeitliche Werte und Formen, ein virtuoser kurzer Flug durch die Reiche des Geistes. Erst wesentlich später kam allmählich aus dem geistigen Inventar des Erziehungswesens, und namentlich aus den Gewohnheiten und Bräuchen der Morgenlandfahrer, auch der Begriff der Kontemplation in das Spiel. Es hatte sich der Übelstand bemerkbar gemacht, daß Gedächtniskünstler ohne andre Tugenden virtuose und blendende Spiele spielen und die Teilnehmer durch das rasche Nacheinander zahlloser Vorstellungen verblüffen und verwirren konnten. Nun fiel allmählich dieses Virtuosentum mehr und mehr unter strenges Verbot, und die Kontemplation wurde zu einem sehr wichtigen Bestandteil des Spieles, ja sie wurde für die Zuschauer und Zuhörer jedes Spieles zur Hauptsache. Es war dies die Wendung gegen das Religiöse. Es kam nicht mehr allein darauf an, den Ideenfolgen und dem ganzen geistigen Mosaik eines Spieles mit rascher Aufmerksamkeit und geübtem Gedächtnis intellektuell zu folgen, sondern es entstand die Forderung nach einer tiefern und seelischeren Hingabe. Nach jedem Zeichen nämlich, das der jeweilige Spielleiter beschworen hatte, wurde nun über dies Zeichen, über seinen Gehalt, seine Herkunft, seinen Sinn eine stille strenge Betrachtung abgehalten, welche jeden Mitspieler zwang, sich die Inhalte des Zeichens intensiv und organisch gegenwärtig zu machen. Die Technik und Übung der Kontemplation brachten alle Mitglieder des Ordens und der Spielbünde aus den Eliteschulen mit, wo der Kunst des Kontemplierens und Meditierens die größte Sorgfalt gewidmet wurde. Dadurch wurden die Hieroglyphen des Spiels davor bewahrt, zu bloßen Buchstaben zu entarten.

Bis dahin war übrigens das Glasperlenspiel trotz seiner Beliebtheit unter den Gelehrten eine rein private Übung geblieben. Man konnte es allein, zu zweien, zu vielen spielen, und allerdings wurden besonders geistvolle, wohlkomponierte und gelungene Spiele auch zuweilen aufgezeichnet und von Stadt zu Stadt und Land zu Land bekannt, bewundert oder kritisiert. Aber erst jetzt begann langsam das Spiel sich um eine neue Funktion zu bereichern, indem es zur öffentlichen Feier wurde. Auch heutigen Tages noch steht einem jeden das private Spiel frei und wird besonders von den Jüngeren fleißig geübt. Bei dem Wort »Glasperlenspiel« aber denkt heute wohl jeder vor allem an die feierlichen, öffentlichen Spiele. Sie finden unter der Führung weniger, überlegener Meister statt, welchen in jedem Lande der Ludi Magister oder Spielmeister vorsteht, unter andächtigem Horchen der Eingeladenen und unter der gespannten Aufmerksamkeit von Zuhörern aus allen Teilen der Welt; manche von diesen Spielen haben eine Dauer von Tagen und Wochen, und während ein solches Spiel zelebriert wird, leben sämtliche Mitspieler und Zuhörer nach genauen Vorschriften, welche sich auch auf die Schlafdauer erstrecken, ein enthaltsames und selbstloses Leben der absoluten Versenkung, vergleichbar dem streng geregelten, büßerischen Leben, welches die Teilnehmer an einer der Übungen des heiligen Ignatius führten.

Es dürfte wenig mehr hinzuzufügen sein. Das Spiel der Spiele hatte sich, unter der wechselnden Hegemonie bald dieser, bald jener Wissenschaft oder Kunst, zu einer Art von Universalsprache ausgebildet, durch welche die Spieler in sinnvollen Zeichen Werte auszudrücken und zueinander in Beziehung zu setzen befähigt waren. Zu allen Zeiten stand das Spiel in engem

Zusammenhang mit der Musik und verlief meistens nach musikalischen oder mathematischen Regeln. Ein Thema, zwei Themen, drei Themen wurden festgestellt, wurden ausgeführt, wurden variiert und erlitten ein ganz ähnliches Schicksal wie das Thema einer Fuge oder eines Konzertsatzes. Es konnte ein Spiel zum Beispiel ausgehen von einer gegebenen astronomischen Konfiguration, oder vom Thema einer Bachfuge, oder von einem Satz des Leibniz oder der Upanischaden, und es konnte von diesem Thema aus, je nach Absicht und Begabung des Spielers, die wachgerufene Leitidee entweder weiterführen und ausbauen oder auch durch Anklänge an verwandte Vorstellungen ihren Ausdruck bereichern. War der Anfänger etwa fähig, durch die Spielzeichen Parallelen zwischen einer klassischen Musik und der Formel eines Naturgesetzes herzustellen, so führte beim Könner und Meister das Spiel vom Anfangsthema frei bis in unbegrenzte Kombinationen. Beliebt war bei einer gewissen Spielerschule lange Zeit namentlich das Nebeneinanderstellen, Gegeneinanderführen und endliche harmonische Zusammenführen zweier feindlicher Themen oder Ideen, wie Gesetz und Freiheit, Individuum und Gemeinschaft, und man legte großen Wert darauf, in einem solchen Spiel beide Themata oder Thesen vollkommen gleichwertig und parteilos durchzuführen, aus These und Antithese möglichst rein die Synthese zu entwickeln. Überhaupt waren, von genialen Ausnahmen abgesehen, Spiele mit negativem oder skeptischem, disharmonischem Ausklang unbeliebt und zuzeiten geradezu verboten, und das hing tief mit dem Sinn zusammen, den das Spiel auf seiner Höhe für die Spieler gewonnen hatte. Es bedeutete eine erlesene, symbolhafte Form des Suchens nach dem Vollkommenen, eine sublime Alchimie, ein Sichannähern an den über allen Bildern und Vielheiten in sich einigen Geist, also an Gott. So wie die frommen Denker früherer Zeiten etwa das kreatürliche Leben darstellten als zu Gott hin unterwegs und die Mannigfaltigkeit der Erscheinungswelt in der göttlichen Einheit erst vollendet und zu Ende gedacht sahen, so ähnlich bauten, musizierten und philosophierten die Figuren und

Formeln des Glasperlenspieles in einer Weltsprache, die aus allen Wissenschaften und Künsten gespeist war, sich spielend und strebend dem Vollkommenen entgegen, dem reinen Sein, der voll erfüllten Wirklichkeit. »Realisieren« war ein beliebter Ausdruck bei den Spielern, und als Weg vom Werden zum Sein, vom Möglichen zum Wirklichen empfanden sie ihr Tun. Hier sei uns erlaubt, nochmals an die oben angeführten Sätze des Nicolaus Cusanus zu erinnern.

Übrigens waren die Ausdrücke der christlichen Theologie, soweit sie klassisch formuliert und damit allgemeines Kulturgut zu sein schienen, natürlich mit in die Zeichensprache des Spieles aufgenommen, und es konnte etwa einer der Hauptbegriffe des Glaubens oder der Wortlaut einer Bibelstelle, ein Satz aus einem Kirchenvater oder aus dem lateinischen Messetext ebenso leicht und exakt ausgedrückt und in das Spiel mit aufgenommen werden wie ein Axiom der Geometrie oder eine Mozartmelodie. Es ist kaum übertrieben, wenn wir zu sagen wagen: für den engen Kreis der echten Glasperlenspieler war das Spiel nahezu gleichbedeutend mit Gottesdienst, während es sich jeder eigenen Theologie enthielt.

Im Kampf um ihren Bestand inmitten der ungeistigen Weltmächte nun waren sowohl die Glasperlenspieler wie die Römische Kirche allzusehr aufeinander angewiesen, als daß man es hätte auf eine Entscheidung zwischen beiden ankommen lassen, obwohl dazu häufige Anlässe sich gefunden hätten, denn bei beiden Mächten trieben die intellektuelle Redlichkeit und der echte Drang nach scharfer, eindeutiger Formulierung zu einer Scheidung. Vollzogen wurde sie jedoch niemals. Rom begnügte sich damit, dem Spiele bald wohlwollender, bald ablehnender gegenüberzustehen, es gehörten ja auch in den Kongregationen und im höheren und höchsten Klerus manche der besten Begabungen mit zu den Spielern. Und das Spiel selbst stand, seit es öffentliche Spiele und einen Ludi Magister gab, unter dem Schutz des Ordens und der Erziehungsbehörden, welche beide Rom gegenüber stets die Höflichkeit und Ritterlichkeit selbst waren. Papst Pius XV., der noch als

Kardinal ein guter und eifriger Glasperlenspieler gewesen war, nahm als Papst nicht nur, gleich seinen Vorgängern, für immer vom Spiele Abschied, sondern versuchte auch ihm den Prozeß zu machen; es war damals nahe daran, daß den Katholiken das Spiel verboten worden wäre. Aber der Papst starb, ehe es dazu kam, und eine vielgelesene Biographie dieses nicht unbedeutenden Mannes stellte sein Verhältnis zum Glasperlenspiel als das einer tiefen Leidenschaft dar, welcher er als Papst nur noch in feindseliger Form Herr zu werden wußte.

Seine öffentliche Organisation erfuhr das Spiel, das früher von einzelnen und von Kameradschaften frei betrieben worden, aber allerdings schon lange von der Erziehungsbehörde freundlich gefördert worden war, zuerst in Frankreich und England, die übrigen Länder folgten ziemlich rasch nach. Es wurden nun in jedem Lande eine Spielkommission und ein oberster Spielleiter bestimmt, mit dem Titel Ludi Magister, und es wurden offizielle, unter der persönlichen Leitung des Magisters durchgeführte Spiele zu geistigen Feierlichkeiten erhoben. Der Magister blieb natürlich, wie alle hohen und höchsten Funktionäre der Geistespflege, anonym; außer den paar Nächsten kannte niemand ihn mit seinem persönlichen Namen. Einzig den offiziellen, großen Spielen, für welche der Ludi Magister verantwortlich war, standen die offiziellen und internationalen Verbreitungsmittel wie Rundfunk und so weiter zur Verfügung. Außer der Leitung der öffentlichen Spiele gehörte zu den Pflichten des Magisters die Förderung der Spieler und Spielschulen, vor allem aber hatten die Magister aufs strengste über die Weiterbildung des Spieles zu wachen. Die Weltkommission aller Länder allein entschied über die (heute kaum mehr vorkommende) Aufnahme neuer Zeichen und Formeln in den Bestand des Spieles, über etwaige Erweiterungen der Spielregeln, über die Wünschbarkeit oder Entbehrlichkeit neu einzubeziehender Gebiete. Betrachtet man das Spiel als eine Art Weltsprache der Geistigen, so sind die Spielkommissionen der Länder unter Leitung ihrer Magister in ihrer Gesamtheit die Akademie, welche den Bestand, die Fortbildung, die Reinhaltung dieser Sprache überwacht. Jede Landeskommission ist im Besitz des Spielarchives, das heißt sämtlicher bis anher geprüften und zugelassenen Zeichen und Schlüssel, deren Zahl längst eine sehr viel höhere geworden ist als die Zahl der alten chinesischen Schriftzeichen. Im allgemeinen gilt als genügende Vorbildung für einen Glasperlenspieler das Schlußexamen der gelehrten höheren Schulen, namentlich aber der Eliteschulen, doch wurde und wird stillschweigend die überdurchschnittliche Beherrschung einer der führenden Wissenschaften oder der Musik vorausgesetzt. Es einmal bis zum Mitglied der Spielkommission oder gar zum Ludi Magister zu bringen, war der Traum beinahe jedes Fünfzehnjährigen in den Eliteschulen. Aber schon unter den Doktoranden war es nur noch ein winziger Teil, welcher noch ernstlich an dem Ehrgeiz festhielt, dem Glasperlenspiel und seiner Weiterbildung aktiv dienen zu dürfen. Dafür übten sich alle diese Liebhaber des Spiels fleißig in der Spielkunde und der Meditation und bildeten bei den »großen« Spielen jenen innersten Ring von andächtigen und hingegebenen Teilnehmern, welche den öffentlichen Spielen den feierlichen Charakter geben und sie vor dem Entarten zu bloß dekorativen Akten bewahren. Für diese eigentlichen Spieler und Liebhaber ist der Ludi Magister ein Fürst oder Hohepriester, beinahe eine Gottheit.

Für jeden selbständigen Spieler aber, und gar für den Magister, ist das Glasperlenspiel in erster Linie ein Musizieren, etwa im Sinne jener Worte, die Josef Knecht einmal über das Wesen der klassischen Musik gesagt hat:

»Wir halten die klassische Musik für den Extrakt und Inbegriff unsrer Kultur, weil sie ihre deutlichste, bezeichnendste Gebärde und Äußerung ist. Wir besitzen in dieser Musik das Erbe der Antike und des Christentums, einen Geist heiterer und tapferer Frömmigkeit, eine unübertrefflich ritterliche Moral. Denn eine Moral letzten Endes bedeutet jede klassische Kulturgebärde, ein zur Gebärde zusammengezogenes Vorbild des menschlichen Verhaltens. Es ist ja zwischen 1500 und 1800 mancherlei Musik gemacht worden, Stile und Ausdrucksmittel waren höchst verschieden, aber der Geist, vielmehr die Moral ist überall dieselbe. Immer ist die menschliche Haltung, deren Ausdruck die klassische Musik ist, dieselbe, immer beruht sie auf derselben Art von Lebenserkenntnis und strebt nach derselben Art von Überlegenheit über den Zufall. Die Gebärde der klassischen Musik bedeutet: Wissen um die Tragik des Menschentums, Bejahen des Menschengeschicks, Tapferkeit, Heiterkeit! Ob das nun die Grazie eines Menuetts von Händel oder von Couperin ist, oder die zu zärtlicher Gebärde sublimierte Sinnlichkeit wie bei vielen Italienern oder bei Mozart, oder die stille, gefaßte Sterbensbereitschaft wie bei Bach, es ist immer ein Trotzdem, ein Todesmut, ein Rittertum, und ein Klang von übermenschlichem Lachen darin, von unsterblicher Heiterkeit. So soll es auch in unsern Glasperlenspielen klingen, und in unsrem ganzen Leben, Tun und Leiden.«

Diese Worte wurden von einem Schüler Knechts aufgezeichnet. Mit ihnen beenden wir unsre Betrachtung über das Glasperlenspiel.

(Entstanden im Mai/Juni 1934)

Volker Michels
Zur Entstehung des Glasperlenspiels

*»Wenn die äußere Welt uns eine Heimat und ein Gedeihen
nicht erlaubt, müssen wir uns eben die Atemluft
selber schaffen...«
»Setzen wir möglichst dem Wettlauf auch in drangvoller Zeit
jene Ruhe der Seele entgegen, welche die Alten gerühmt
und erstrebt, und tun wir das Gute,
ohne an Änderung der Welt gleich zu denken.«
Hermann Hesse*

Während auch Europa unaufhaltsam in den Sog der Weltwirt-
schaftskrise gerät, während die Zahl der Arbeitslosen in
Deutschland rasch von drei Millionen auf mehr als das Doppel-
te ansteigt und die Großindustrie sich mit Hitler arrangiert,
beginnt Hermann Hesse, »der erste freiwillige deutsche Emi-
grant« (Neue Rundschau, 1947), in der neutralen Schweiz mit
der Konzeption seines Alterswerks, dem er den geradezu pro-
vozierend unpolitischen Titel »Das Glasperlenspiel« gibt. Schon
lange zuvor, bereits in den zwanziger Jahren, hatte er keinen
Hehl daraus gemacht, was er auf Deutschland zukommen sah,
und in Hunderten von Briefen, in Zeitungsaufsätzen, Rezensionen und Büchern, am gereiztesten aber im »Steppenwolf«,
davor gewarnt. Die Nüchternheit und Illusionslosigkeit dieser
Warnrufe kam nicht von ungefähr. Mehrere Voraussetzungen
mußten zusammentreffen und sich gegenseitig ergänzen:
Hesses übernationale Herkunft, der alles Patriotische begrenzt
vorkam; sein früher und energischer Drang nach Unabhängigkeit; die politischen Erfahrungen aus der Zeit des Ersten Weltkriegs; sein außergewöhnlicher Mangel an Eitelkeit, trotz auf-
sehenerregender schriftstellerischer Erfolge, und nicht zuletzt
seine skeptische Zurückhaltung gegenüber allen verlockenden
Annäherungsversuchen zur Repräsentanz im öffentlichen
Leben. Diese nämlich hatte Hesse schon früh durchschaut als
»Versuche der offiziellen Welt, sich ihrer Verlegenheit inoffi-
ziellen Leistungen gegenüber zu erwehren«, und oft genug als
recht konjunkturabhängige Formen der Käuflichkeit, womit
nicht zuletzt auch die kulturelle Prominenz politischen und

109

parteilichen Zwecken dienstbar gemacht werden soll. Es kam im Kulturbetrieb unseres »Feuilletonistischen Zeitalters«, so heißt es schon in der Einleitung zum »Glasperlenspiel«, einzig darauf an, »einen bekannten Namen mit einem aktuellen Thema in Verbindung zu bringen«, gleichgültig ob man dem Thema damit gerecht wurde oder nicht. Hesse seinerseits brauchte, da er an keine öffentliche Institution gebunden war, nirgends vorsichtig zu sein oder diplomatische Rücksichten zu nehmen, sondern konnte ohne jeden Vorbehalt, mit gutem Gewissen, die Dinge bei ihrem wirklichen Namen nennen.

An keinem seiner Bücher hat Hesse so lange geschrieben wie am »Glasperlenspiel«; von 1930 bis 1942, zwölf Jahre, fast täglich unterbrochen durch praktischen Einsatz für die Opfer des Nationalsozialismus und oft im Zweifel, ob es über dieser aktuellen Fürsorge noch je zu einem Abschluß des Manuskriptes käme. Rückblickend aber betont er immer wieder, daß einzig die Arbeit an diesem Werk es war, die ihm das Überleben jener Jahre ermöglicht habe. »Die Luft war wieder giftig, das Leben in Frage gestellt«, erinnert er sich 1955, »dies war der Augenblick, in dem ich alle rettenden Kräfte in mir aufrufen mußte, um einen Atemraum zu schaffen inmitten der Giftgase, um nicht im Dreck der deutschen Schande und des Krieges zu ersticken.«

Deutlicher als später die endgültige Textfassung des »Glasperlenspiels« illustrieren besonders die Vorarbeiten den zeitgeschichtlichen Bezug dieser Dichtung. So handelt der zweite 1932 entstandene Entwurf der Einführung von »jener Zeit der beginnenden Bürgerkriegs-Epoche, in der die Politiker die Völker alle paar Monate zu Abstimmungen lockten, bei welchen »die Geschicke unserer Nation für immer entschieden werden« sollten, und wo aus den nichtigsten Anlässen jeden Augenblick Straßenkrawalle und Totschlägereien ausbrachen. Es ist in diesem Text auch die Rede von den einflußreichen Büchern zweier Hochschulprofessoren. Im ersten, das den Titel »Die Kriegsschuldlüge« trägt, läßt Hesse seinen Verfasser noch

35 Jahre nach Ausbruch des Ersten Weltkriegs den Nachweis für die vollkommene Unschuld des deutschen Volkes, seines Kaisers, seiner Generalität und Diplomatie erbringen. »Dieses Buch«, berichtet der Chronist, »erfreute sich in Deutschland, obwohl niemand es las, zwei Jahrzehnte lang eines großen Ruhmes, da es von ehrgeizigen und käuflichen Politikern, die sich im Redenhalten und Putschen ablösten, als propagandistische Fundgrube benutzt werden konnte.« Weit gefährlicher aber schätzt er das andere Buch jenes Hochschulprofessors ein, der die politischen Parolen eines gewissen Litzke zur Weltanschauung ausgebaut habe. Diesem Buch, vergleichbar dem 1930 tatsächlich erschienenen »Mythos des Zwanzigsten Jahrhunderts« von Alfred Rosenberg, gibt Hesse den Titel »Das grüne Blut«. »Dies ›Grüne Blut‹ «, so hieß es, sei »die mystische, einem heiligen Stigma gleichzusetzende Auszeichnung weniger, nämlich der aus mindestens dreißig Generationen reinen Germanenstammes entsprossenen echten Führernaturen.« Zwar sei, berichtet er, das eigentliche Spezialgebiet jenes Verfassers nicht die Philologie, sondern die Wissenschaft des Tennisspiels gewesen, für welche es damals noch Professuren gegeben habe, »aber er war immerhin Hochschullehrer, er hatte außerdem einen großen Teil der Jugend auf seiner Seite, und er erreichte, was er erstrebt hatte; dafür, daß er dem »Grünen Blut« seinen professoralen Segen verlieh, wurde er rasch bis zu hohen Ehrenstellen befördert ..., und verwöhnt durch Titel, Fackelzüge, Berühmtheit und Wohlleben, verlernte er das Tennisspiel, das er eigentlich lehren sollte, so sehr, daß eine andere Professur für ihn geschaffen werden mußte«. Dies ist nicht nur eine unüberhörbare Kritik des Rassismus und aller Blut-und-Boden-Schwärmerei, sondern auch eine erbitterte Persiflage auf das beamtete und lohnabhängig konjunkturhörige deutsche Hochschulsystem.

In jenen Jahren des beginnenden Faschismus hat Hesse sich so intensiv mit dem Kommunismus auseinandergesetzt wie zu keiner Zeit seines Lebens. Neben den Schriften Bakunins und Gustav Landauers, die er beide hochschätzte, beschäftigte er sich damals mit Marx, Lenin und den Memoiren Trotzkis. In vielen Briefen, am unmißverständlichsten aber in einem an seine Frau gerichteten aus dem Jahr 1931, stoßen wir auf Äußerungen wie diese: »Wieder entdecke ich, wie nahe ich dem Kommunismus stehe, einfach der Gerechtigkeit wegen. Ließe er sich ohne Flinten und Kanonen verwirklichen, ich wäre gern dabei.«

Das findet seine Entsprechung auch in den Konzepten zum »Glasperlenspiel«, das — sobald es zur staatlich anerkannten, öffentlich rechtlichen Institution »Kastalien« ausgebaut wurde — sich im Laufe der Jahrzehnte von seiner ursprünglichen Konzeption immer weiter entfremdet und zu einer hermetisch abgesicherten, unflexiblen Bürokratie erstarrt. Gegen diesen Spätzustand zunehmend wirklichkeitsfremder Selbstgenügsamkeit, läßt Hesse in seinen ersten Konzepten zum »Glasperlenspiel« die Notleidenden aufbegehren und sie »mit Recht alles zusammenschlagen« unter dem Slogan:

»Den Plato schmeiß an die Wand,
Zum Teufel die Beethovensonaten,
Werther und Faust und den ganzen Tand
Darin die feist lächelnden Bürger waten!
Das alles ist Gift und Dreck und verlogen —
Ins Feuer die Bücher, ins Feuer den Geigenbogen!
Zieh den Rock aus und geh auf die Straße,
Dort weht Dir ein andrer Wind um die Nase;
Schulter an Schulter marschieren die Kameraden,
Über ihnen wehen die Fahnen rot,
Komm mit Junge, bist freundlich eingeladen,
Heut schlagen wir die Bankiers und Minister tot!«

Noch unmißverständlicher belegt ein dritter Entwurf, gleichfalls aus dem Jahre 1931, den zeitgeschichtlichen Bezug des »Glasperlenspiels«. Hier hatte Hesse den damals beabsichtigten Schluß seiner Dichtung skizziert. Das Buch sollte abschließen mit einer Unterredung zwischen dem »Führer« der

Diktatur und seinem Antipoden Josef »Knecht«. Thema ihres Gespräches war das Verhältnis zwischen Geist und Politik, denn als Diktator ist er darauf bedacht, auch die Kultur in den Dienst seines neuen Staates zu stellen. Die zuvor unabhängige Institution des Glasperlenspiels sollte daher gleichgeschaltet werden, andernfalls müsse seine Partei gegen sie und ihre Schüler ebenso rigoros vorgehen wie gegen alles ihr reaktionär Scheinende und das Spiel verbieten, zerstören und seine Repräsentanten töten.

»Der Versucher spricht recht klug und beinahe geistig«, schreibt Hesse, »Knecht gibt höflich und bescheiden Auskunft, macht keinerlei Versuch, sich zu retten. Er weigert sich, auf den Vorschlag einzugehen, d. h. sein Institut dem Staat zu unterstellen und die ihm vom Staat überwiesenen jungen Leute auszubilden, damit so der Geist mit der Politik und Aktion verbunden werde.« Knecht antwortet dem Führer: wer sich gewissenhaft und nach allen Regeln jahrelang dem Erlernen des Glasperlenspiels gewidmet habe, der sei für jedes Ausüben von Macht, für jedes materielle Streben für immer verdorben. Damit aber hat sich Knecht sein eigenes Urteil gesprochen. Vor seiner »Liquidation« bittet er den Diktator noch um die Erlaubnis und Frist zu einem letzten Spiel, das ihm gewährt wird. Als Thema dieses Spieles wählt er »den Kampf der unreinen, streberischen Mächte gegen den reinen Geist, mit scheinbaren Fortschritten der Macht und Politik, die sich aber langsam als lauter Auflösungen erweisen, und zuletzt, wo das ursprüngliche Geist-Thema sich zum Macht-Thema umgekehrt hat, stellt sich heraus, daß alles vom Geist verwandelt und durchsetzt ist«.

Zwei Jahre nach dem Beginn der Arbeit am »Glasperlenspiel« und der Niederschrift dieser Motive war Hitler an der Regierung, die Meinungsfreiheit unterdrückt, die Literatur durch die Reichsschrifttumskammer gleichgeschaltet und die jüdischen Autoren bereits bedroht und verdrängt. Es war also schon zu spät, als nun viele von Hesses Kollegen mit naheliegendem Protest und redlichem Abscheu zu reagieren begannen. Er dagegen, gerade weil er bereits zuvor die Konsequenz aus seinem Mißtrauen gegenüber dem offiziellen Deutschland gezogen hatte, blieb dieser politischen Entwicklung nicht mehr im selben Maße ausgeliefert wie seine Kollegen im Reich. Weniger exponiert auf Grund seiner längst vollzogenen Emigration, brauchte er sich nicht in kurzatmigem Reagieren zu erschöpfen, sondern war gefestigt genug, um in ständiger Auseinandersetzung mit dem Aktuellen ein Gegenmodell entwickeln zu können, das auf eine längere Zeitspanne berechnet war. Dieses Modell war das »Glasperlenspiel«. Es reagierte also nicht nur auf den Moment, sondern versuchte die Wurzeln freizulegen, die solche destruktiven Wucherungen überhaupt ermöglicht hatten.

Hesses Antwort auf seine Zeit war daher mehr als Protest und Entrüstung, mehr als das »Vergnügen, einem gelegentlichen Wutausbruch nachzugeben«, sie ging einen Schritt weiter in die Zukunft und ins Konstruktive, indem sie Alternativen und Gegenkräfte entwickelte. Faszinierend ist es, gerade in den erwähnten Vorarbeiten zum »Glasperlenspiel« zu verfolgen, wie Hesse — ausgehend von der unmittelbaren Empörung und Reaktion auf die aktuellen politischen Vorgänge — im Verlauf der Arbeit immer deutlicher auf das Grundsätzliche und über den Spezialfall des Augenblicks Hinausreichende zielen wird. Je mehr Tagesaktualität er dem Buch im Verlauf seiner Entstehung entzog, desto stärker haben sich dabei die Perspektiven erweitert, die in die Zukunft weisen. So kommt es, daß wir das Buch auch heute durchaus nicht als eine Auseinandersetzung mit etwas bereits Historischem lesen, sondern als aktuelle Kritik der autoritären Systeme unserer Gegenwart, ganz unabhängig von ihrem ideologischen Aushängeschild, das damals eben das des nationalsozialistischen Faschismus war.

Erst wenn man sich den Gegensatz zwischen der Welt des Glasperlenspiels und der Welt von heute möglichst genau vorstellen könne, so bemerkt Hesse einmal, sei die beabsichtigte Wirkung dieser Dichtung erreicht. Am klarsten durchschaute der amerikanische Literaturwissenschaftler Theodore Ziolkowski diese Methode der bewußten Entaktualisierung, die auch in anderen Dichtungen Hesses anzutreffen ist. Er hat sie als eine »Herausforderung der konventionellen Realität angesichts höherer Ideale« erkannt und Hesses Helden als »Propheten des Idealzustandes« bezeichnet. Dieses für Hesse so charakteristische Kompositionsprinzip hat die Eigenart, den Leser niemals gleichgültig zu lassen und immer deutliche Stellungnahmen zu provozieren. So schwanken denn auch die Meinungen über das »Glasperlenspiel« meist zwischen zwei extremen Positionen: Je nach Temperament des Lesers weckt es bei den einen Beschämung und Ansporn, während die anderen dieses Buch als idealistisches oder esoterisches Hirngespinst abzutun geneigt sind.

Aufgebaut ist der Roman aus drei Teilen, entsprechend seinem Untertitel, in welchem sich Hesse als Herausgeber der Lebensbeschreibung und der hinterlassenen Schriften des Glasperlenspielmeisters Josef Knecht bezeichnet:

1. Die »allgemeinverständliche Einführung« des Herausgebers über Herkunft, Geschichte, Funktion und Wirkung des Glasperlenspiels. In diesem Vorwort, das man sich im Jahre 2400 geschrieben zu denken hat — in Wirklichkeit wurde es etwa im Juni 1932 konzipiert —, versucht Hesse das »Glasperlenspiel« von der Gegenwart zu distanzieren. Doch schon zwei Jahre darauf, nach einem Wiederlesen, schreibt er betroffen an Thomas Mann: »Es schildert den heutigen geistigen Zustand Deutschlands so genau voraus, daß ich beinahe erschrak.« Und zur selben Zeit notiert er in sein Tagebuch: »Es liest sich wie eine soeben geschriebene Parodie auf heute.« Schneller also als befürchtet waren seine Prognosen eingetroffen, so daß die Einführung, die ihm jetzt viel zu zeitbestimmt und zeitbeeinflußt vorkam, durch eine neue, 1934 geschriebene Fassung ersetzt werden mußte, damit die beabsichtigte Distanz wiederhergestellt werden konnte. Diese neue Einführung nun war die endgültige und wurde, nach ihrem Vorabdruck im Dezember 1934 in der »Neuen Rundschau«,

Berlin, auch in die Buchausgabe übernommen. Unterdessen aber kursierte die politische Fassung in geheimen Abschriften weiter in Deutschland, wo sie »manchen Leuten den Rücken gegen die Teufelei zu stärken geholfen hat«.

2. Den Hauptteil des Werkes bildet die in zwölf Kapiteln erzählte Biographie des künftigen Glasperlenspielmeisters Josef Knecht, des »großen Abtrünnigen«, angeblich erzählt von einem in Waldzell lebenden Freunde, dem die Archive sowie die ganze schriftliche und mündliche Überlieferung des Glasperlenspiels zur Verfügung standen. An dieser Biographie hat Hesse etwa sieben Jahre, von 1935 — 1942, gearbeitet. Sieben Kapitel daraus wurden in den Jahren 1938 — 1942 vorabgedruckt, vier davon wieder in der von Peter Suhrkamp im S. Fischer Verlag betreuten »Neuen Rundschau«, drei weitere in der Zeitschrift »Corona«, die von den Schweizern Martin Bodmer und Herbert Steiner in München und Zürich herausgegeben wurde. Es waren übrigens die beiden einzigen deutschen Lesern zugänglichen Blätter, in welchen Hesse während der NS-Zeit publizierte, und die einzigen auch, die seine neueren Arbeiten noch zu drucken wagten.

3. Der Biographie Josef Knechts schließen sich die nachgelassenen Schriften dieses Anti-»führers« an. Der Chronist notiert dazu: »Wenn wir von Knechts Schriften sprechen, meinen wir die »Lebensläufe«, deren letzten er als etwa 30jähriger schrieb, und seine wenigen Gedichte. Sie sind als Manuskripte aufbewahrt. Im Druck erschien einzig seine gelehrte Schrift »Mutmaßliches über die vor-konfuzianischen Kommentare zu I Ging«.

Auf die in Waldzell entstandenen Gedichte des 18-24jährigen Schülers Josef Knecht folgen die erwähnten »Lebensläufe«, die einen Blick auf das ursprüngliche Konzept Hesses gestatten, wonach sein ›Held‹ die verschiedenen Phasen der Menschheitsgeschichte in mehreren Wiedergeburten erleben sollte als Sinnbild »für das Stabile im Fließenden, für die Kontinuität der Überlieferung und des Geisteslebens«. Übriggeblieben sind von diesem Plan vier in verschiedenen Kulturkreisen und vergangenen Jahrhunderten angesiedelte »Lebensläufe«, von Knecht selber verfaßt, Glasperlenspielübungen, die ihm dazu dienen sollten, sich die Entwicklung seiner individuellen Veranlagung unter den verschiedenen Umweltbedingungen anderer Zeitalter vorzustellen. Im Kapitel »Studienjahre« lesen wir darüber: »Allen Lehrern und Schülern war die Vorstellung geläufig, daß ihrer jetzigen Existenz frühere vorangegangen sein könnten, in anderen Körpern zu anderen Zeiten, unter anderen Bedingungen. Dies war nun freilich nicht etwa ein Glaube im strengen Sinn, noch viel weniger war es eine Lehre; es war eine Übung, ein Spiel der Imaginationskräfte, sich das eigene Ich in veränderten Lagen und Umgebungen vorzustellen... Man lernte dabei seine eigene Person als Maske, als vergängliches Kleid einer Entelechie kennen... Denn natürlich waren die meisten dieser imaginierten Vorexistenzen nicht nur Stilübungen und historische Studien, sondern auch Wunschbilder und gesteigerte Selbstbildnisse: die Verfasser der meisten Lebensläufe schilderten sich in demjenigen Kostüm und als denjenigen Charakter, als welcher zu erscheinen und sich zu verwirklichen ihr Wunsch und Ideal war.«

Hesse schrieb diese Lebensläufe in den Jahren 1931 bis 1937, noch bevor er die eigentliche Biographie Josef Knechts beendet hatte. In der ersten dieser imaginären Kurzbiographien läßt er seinen »Helden« sich in die prähistorische Zeit vor etwa zwanzigtausend Jahren zurückversetzen, wo ihn bei einem primitiven Menschenstamm als »Regenmacher« ein ganz ähnliches Schicksal erwartet, wie es Josef Knecht am Ende seiner eigenen Biographie zustoßen sollte.

Im zweiten dieser fiktiven Lebensläufe begibt sich Knecht in die Rolle eines frühchristlichen Asketen und Einsiedlermönches, der im südlichen Palästina des dritten oder vierten Jahrhunderts als »Beichtvater« großes Ansehen genießt, dem es jedoch in seinem Amt bald ähnlich ergeht wie Josef Knecht in seinen letzten Amtsjahren als Vorsteher des immer unsozialeren »Ordens« der Glasperlenspieler.

Der dritte und letzte in das Buch aufgenommene Lebenslauf,

den Hesse seinen Josef Knecht etwa im Alter von 30 Jahren schreiben läßt, spielt im hinduistischen Indien. Wie Knecht selbst muß der Fürstensohn Dasa (so lautet die Bezeichnung für »Knecht« im Sanskrit) erkennen, daß er für die Politik und Übernahme der Regierungsgeschäfte ungeeignet ist, denn ihm ist es ebenso wie Hesse unmöglich, der Gewaltanwendung seiner politischen Feinde mit Gewalt zu begegnen. Diese Inkarnation Josef Knechts entstand 1936 und spiegelt so unmittelbar wie kein anderer der Lebensläufe Hesses eigene Situation, wie er damals, angefeindet von der Presse der Nationalsozialisten nicht weniger als von den Wortführern der Emigranten, im Kreuzfeuer der Polemik unbeirrbar seinen Standpunkt einer überparteilichen Menschlichkeit aufrecht zu halten versuchte.

Außer diesen drei in die Buchausgabe aufgenommenen Lebensläufe fand sich aber in Hesses Nachlaß auch noch ein vierter, der einzige historische und unvollendet gebliebene. Diesen hatte er in das 18. Jahrhundert, in die Zeit des Pietismus und der großen europäischen Musikblüte verlegt und ihm im Jahre 1934 mehr Studien gewidmet als allen anderen Lebensläufen Knechts, nämlich fast ein ganzes Jahr intensiver Arbeit. Dennoch blieb das Manuskript unvollendet, da »die allzu genau bekannte und allzu reich dokumentierte Welt jenes Jahrhunderts sich dem Einbau in die mehr legendären Räume der übrigen Leben Knechts entzog«.

Auch hierüber gibt Hesse im »Glasperlenspiel« selbst Auskunft: »Mit Bestimmtheit wissen wir nur, daß es Knecht nach der Überreichung seines dritten, des ›indischen‹ Lebenslaufes von der Kanzlei der Erziehungsbehörde nahegelegt wurde, er möge einen etwaigen noch folgenden Lebenslauf in eine historisch näherliegende und reicher dokumentierte Epoche verlegen und sich mehr um das historische Detail bekümmern. Wir wissen aus Erzählungen und Briefen, daß er daraufhin in der Tat Vorstudien zu einem Lebenslauf aus dem achtzehnten Jahrhundert gemacht hat. Er wollte darin als schwäbischer Theologe auftreten, der den Kirchendienst später mit der Musik vertauscht... Wir wissen, daß er damals eine Menge alter, zum Teil entlegener Literatur über Kirchenverfassung, über Pietismus und Zinzendorf, über Liturgie und Kirchenmusik jener Zeit gelesen und exzerpiert hat ... und sich um die Würdigung Zinzendorfs, der ihn ebenso interessierte wie abstieß, ehrlich bemüht hat.« (Studienjahre)

Dieser unvollendete Lebenslauf wurde drei Jahre nach Hesses Tod erstmals veröffentlicht. Jeder, der Hesses eigene Entwicklung kennt, weiß, wie stark autobiographischer Natur dieses großartige Fragment ist. Es zeigt den Umweg, den der junge, eigentlich für die Musik begabte Schüler auf sich nimmt, um dem Wunsch und der Erwartung seiner frommen Mutter zu entsprechen, die ihren Sohn am liebsten als Geistlichen, wenn nicht gar als einen »Spezialsuperintendenten in schwarzem Kleide« gesehen hätte. Mit dieser Darstellung aus der Frühzeit des Pietismus sei er gescheitert, schrieb Hesse im Oktober 1934, nicht nur wegen der Überbeanspruchung durch Emigrantenfürsorge und Besucher, sondern vor allem, weil die Revision seines religiösen Erbes ihn in Gebiete fortgezogen habe, die den Rahmen dieser Dichtung gesprengt hätten. Und doch verdanken wir diesem Fragment eine der klarsten Definitionen des Glasperlenspiels selbst, seiner Beschaffenheit, Herkunft und Geschichte, wovon nun die Rede sein soll.

»Es kam«, so berichtet Hesse, »mit den Reden Hitlers und seiner Minister, mit ihren Zeitungen und Broschüren etwas wie Giftgas aufgestiegen, eine Welle von Gemeinheit, Verlogenheit, hemmungsloser Streberei, eine Luft, die nicht zu atmen war.« Inmitten dieser Drohungen und Gefahren für die physische und geistige Existenz habe er zum »Rettungsmittel aller Künstler« gegriffen, zur Produktion. »Es galt für mich zweierlei: einen geistigen Raum aufzubauen, in dem ich atmen und leben könnte, aller Vergiftung der Welt zum Trotz, und zweitens den Widerstand des Geistes gegen die barbarischen Mächte zum Ausdruck zu bringen.« »Um einen solchen Raum zu schaffen«, berichtet er weiter, »genügte es nicht, irgendeine Vergangenheit zu beschwören und liebevoll auszumalen. Ich mußte der grinsenden Gegenwart zum Trotz das Reich des Geistes und der Seele als existent und unüberwindlich sichtbar machen. So wurde meine Dichtung zur Utopie, das Bild wurde in die Zukunft projiziert, die üble Gegenwart in eine überstandene Vergangenheit verbannt.« In dieser zu überstehenden »Vergangenheit« des Nationalsozialismus, des übersteigerten Personenkultes und des falsch verstandenen Individualismus ist der eigentliche Anstoß zum »Glasperlenspiel« zu suchen.

Entstanden »am Ende der kriegerischen Epoche aus einem vitalen Bedürfnis der erschöpften, verbluteten und verwahrlosten Völker nach Norm, Vernunft und Maß«, hat es sich im Laufe des »Feuilletonistischen Zeitalters« aus den Anfängen einer bildungsbürgerlichen Merk- und Kombinationsübung über einen Zeitraum von 300 Jahren allmählich zu einer Institution entwickelt, die genau das herbeiführt, was im kriegerischen 20. Jahrhundert bekämpft oder bedroht wurde: die freie Entfaltung und Ausbildung des Menschen ohne staatliche Manipulation, die Unabhängigkeit der Wissenschaft und Kultur von ideologischen und politischen Zwecken. Das Spiel förderte ein neues Bewußtsein der Einheit und Zusammengehörigkeit aller durch Spezialisierung, Nationalismen, Ideologien und Konfessionen auseinanderentwickelten Bereiche menschlicher Erkenntnis und weckte ein zunehmendes Bedürfnis nach Orientierung des allgemeinen Verhaltens an den Gesetzen und Proportionen des Lebendigen.

Mit zunehmender Forschung hatte sich schon gegen Ende des »Feuilletonistischen Zeitalters« die scheinbare Kluft zwischen Geistes- und Naturwissenschaften mehr und mehr geschlossen. Immer offensichtlicher zeigte es sich, daß die von den Geisteswissenschaften erfaßten Prozesse sich nicht nur im selben Kausalsystem der Natur vollzogen und durch ähnliche Chiffren erfaßbar waren wie die naturwissenschaftlichen, sondern daß auch umgekehrt naturwissenschaftliche Kausalketten übertragbar waren und zum Beispiel ein scheinbar nur physikalisches Gesetz wie der Erhaltungssatz der Energie gleichzeitig nicht allein auf chemische oder biologische, sondern auch auf psychologische Abläufe und auf die Kunst anwendbar war. Man hatte zudem erkannt, in wie enger Anlehnung an die Konstruktionspläne der Natur die zeitlosen Kunstwerke der Menschheit entstanden waren. Ja, es zeigte sich geradezu: je genauer Literatur, bildende Künste, Musik mit den Mustern und Proportionen des Lebendigen übereinstimmten, desto unvergänglicher waren sie. So begann man auch die Kunstwerke allmählich als Modelle, ja als »Versuchsanordnungen« zu begreifen, die der Hauptforderung der exakten Wissenschaften nach Rekonstruierbarkeit durchaus gerecht wurden, wenn auch auf umfassendere und komplexere Weise. Es hatte sich erwiesen, daß der Künstler auf dem Weg der Synthese dasselbe befolgte und intuitiv vorwegnahm, was die Wissenschaft auf dem Weg der Analyse entdeckte. Die »Subjektivität des Künstlers« wurde nicht mehr, wie noch im »Feuilletonistischen Zeitalter«, ausgespielt gegen die »Objektivität des Wissenschaftlers«, sondern man war sich bewußt geworden, daß sich Subjektivität und Objektivität zueinander verhielten wie der Mikrokosmos zum Makrokosmos und daß bei einer genauen Darstellung des Individuellen psychologische Muster freigelegt werden, die weit über das Spezielle des Einzelfalles hinausweisen, so daß sie auch von anderen Menschen und künftigen Generationen als wirksam erkannt werden können. Gleichzeitig mit den immer nachdrücklicher zunächst nur von den Naturwissenschaften erkannten und genutzten Beziehungen, Gemeinsamkeiten und Parallelen zwischen den Fakultäten hat das Glasperlenspiel nach und nach alles, was die Menschheit an Erkenntnissen, an Kulturen und Mythologien geschaffen hat, in einer universalen Zeichensprache ausgedrückt, welche es — vergleichbar den alten chinesischen Schriftzeichen — erlaubt, das Komplizierteste mit einem Minimum an Symbolen, jedoch ohne Ausschaltung der Phantasie und Kreativität auszudrücken.

Wie man aus Notenzeichen ein Musikstück, aus mathematischen Symbolen eine algebraische oder astronomische Formel ablesen kann, so hat sich das Glasperlenspiel im Laufe der

Jahrhunderte zu einer interdisziplinären Vermittlung entwikkelt, welche es ermöglicht, Gedanken, Formeln, Musik und Dichtung in einer Art Notensprache wiederzugeben. Ein Generalnenner vereinigt Kunst und Wissenschaft und ermöglicht es, ihre Inhalte in verschiedenen Koordinatenreihen abzuwandeln, zu transponieren und miteinander in Beziehung zu setzen.

Am fruchtbarsten für die Entwicklung des Glasperlenspiels war schließlich die Integration der Mathematik und Musik, äußerster Abstraktion mit unmittelbarster Sinnlichkeit, die sich nicht mehr als unvereinbare Antagonismen, sondern als verwandte Bereiche erwiesen. Erst durch sie erreichte das Spiel eine Elastizität, welche die Ergebnisse fast aller übrigen Wissenschaften mit einbeziehen konnte und die zuletzt eine Versöhnung der Wissenschaften nicht nur mit den Bereichen der Kunst, sondern am Ende sogar mit denen der Religion herbeigeführt hat. Man dürfe, bemerkt Hesse in seiner Einführung, im zwanzigsten Jahrhundert noch keine vollständige Theorie des Spieles, das »außerdem ja noch gar nicht erfunden sei«, erwarten. »Diese Aufgabe bleibt späteren Zeiten vorbehalten.« Denn da das Glasperlenspiel selbst erst in der Zukunft nach unserem »Feuilletonistischen Zeitalter« erfunden und entwickelt werde, seien »auch würdigere und geschicktere Autoren« heute noch nicht imstande, erschöpfende Angaben und rekonstruierbare Details über die Technik dieser Vision zu machen. Als Nichtwissenschaftler und zudem als Zeitgenosse des zwanzigsten Jahrhunderts mit seinem erst bruchstückhaften Stand der Forschung wäre Hesse dazu auch gar nicht in der Lage gewesen. Doch indem er — wie es im Motto des »Glasperlenspiels« heißt — etwas in den Raum gestellt hat, dessen Existenz zur Zeit zwar heute noch nicht lückenlos beweisbar ist, ja manchem sogar noch ganz unwahrscheinlich vorkommen mag, hat er, eben »weil fromme und gewissenhafte Menschen es gewissermaßen als etwas Existentes behandeln, es dem Sein und der Möglichkeit des Geborenwerdens um einen Schritt näher geführt«.

Wer sind nun diese »frommen und gewissenhaften Menschen?« Daß die Vision und Hypothese, der Hesse den Namen »Glasperlenspiel« gab, potentiell schon lange existiere, hat er immer wieder betont. Gleich in der Einführung weist er darauf hin: »Wie jede große Idee hat es eigentlich keinen Anfang, sondern ist der Idee nach immer dagewesen.« Vorgebildet als Ahnung finde man es bereits bei Pythagoras, in den platonischen Akademien Griechenlands, in der Philosophie des alten China, in hellenistisch-gnostischen Kreisen, zur Zeit der Höhepunkte der arabisch-maurischen Kultur, der Scholastik und des Humanismus, in den Mathematikerakademien des 17. und 18. Jahrhunderts, bei Mystikern wie Nikolaus Cusanus und Romantikern wie Novalis. Auch Geister wie Abälard, Leibniz und Hegel hätten ohne Zweifel den Traum gekannt, »das geistige Universum in konzentrische Systeme einzufassen und die lebendige Schönheit des Geistigen und der Kunst mit der magischen Formulierkraft der exakten Wissenschaften zu vereinigen«.

Alle diese Vorläufer hat Hesse miteingeschlossen in seine Widmung zum »Glasperlenspiel«, das »im Gegensatz zu den herrschenden Tendenzen nicht bloß eine Utopie nach vorn in die Zukunft bauen, sondern sie auch nach hinten, in die Jahrhunderte zurück verankern« sollte. Die Widmung lautet: »Den Morgenlandfahrern« — das ist die Chiffre Hesses für alle Wissenschaftler, Künstler, Philosophen, für alle Menschen der Vergangenheit, Gegenwart und Zukunft, die untereinander darin verwandt sind, daß sie, unabhängig von den Moden und Parolen des Tages, ihre eigene Veranlagung konsequent verwirklichen, nicht aus Selbstzweck, sondern aus Notwendigkeit, und somit beitragen zur Objektivierung des Geistes, der Wissenschaft und Humanisierung des Menschen, die über allen Beschränkungen der Geschichte, Nationalismen, Konfessionen und Ideologien steht. Diese Menschen überleben ihre eigene Generation. Ihre Leistung ist nicht zeitgebunden. Sie widersteht der Geschichte und Vergänglichkeit und wird noch Jahrhunderte später, nicht nur von den Wissenschaftlern, als wirksam erkannt. Die »Morgenlandfahrer« ermöglichen das, was

Hesse die »Universitas litterarum« nennt, die unsichtbare Gemeinschaft aller durch Generationen, Weltanschauungen und Nationalitäten scheinbar getrennten Glieder. Ihre Werke spiegeln die Struktur und Aufeinanderbezogenheit des Lebendigen in seiner ganzen Vielfalt. »Im Laufe der Jahrhunderte«, schreibt Hesse, »hat es tausend Gesinnungen und Parteien und Programme gegeben, tausend Revolutionen, sie haben die Welt verändert und (vielleicht) vorwärts gebracht. Aber keines ihrer Programme und Bekenntnisse hat seine Zeit überdauert. Die Worte und Bilder einiger echter Künstler und auch die Worte einiger echter Weiser und Liebender und Sichopfernder haben die Zeiten überdauert, und tausendmal hat ein Wort Jesu, oder ein Wort eines griechischen oder anderen Dichters, nach Jahrhunderten noch Menschen getroffen und aufgeweckt.«

Im »Steppenwolf« nannte er diese Menschen die »Unsterblichen«. Dort mußte er sie noch mit Hilfe eines »magischen Theaters« leibhaftig zurück in die Gegenwart bemühen und seinen an den Tendenzen der zwanziger Jahre und an sich selbst verzweifelnden Helden der rigorosen Therapie aussetzen, von ihnen ausgelacht zu werden. Wie sehr auch das »Glasperlenspiel« mit ihnen zu tun hat, zeigt ein Passus der Einleitung, der daran erinnert, daß dieses Spiel auch »mit einem Ausdruck bezeichnet wurde, welcher schon in früheren Epochen das Sehnsuchtsziel manches vorahnenden Geistes gewesen sei: Magisches Theater«. Diesen Morgenlandfahrern also ist das Buch gewidmet und allen denen, die auf dem Weg dorthin sind, indem sie inmitten von Fremdbestimmung, Mimikry und Betriebsamkeit den zentrifugalen Kräften ihrer Zeit den Widerstand der Phantasie, der Selbstverwirklichung und nicht zuletzt die morgenländische Eigenschaft der Geduld entgegensetzen und der Tendenz zu parteilichen Verallgemeinerungen das Differenzieren vorziehen. Zwar wird auch im »Glasperlenspiel« ausgeprägte Individualität und Persönlichkeit unbedingt vorausgesetzt, doch nicht als Selbstzweck, sondern wie bei Josef Knecht im Dienst an den Gesetzen der Natur und einer geradezu anonymen Mitarbeit des Einzelnen am Ganzen.

Was sich in den verschiedenen Fassungen der Vorrede zum
»Glasperlenspiel« und hier in dieser knappen Zusammenfas-
sung vielleicht etwas abstrakt und spekulativ anhören mag, im
Buch selbst, in den sich anschließenden zwölf Kapiteln der Erzählung von Josef Knechts Jugend und seiner Entwicklung zum
Glasperlenspielmeister, verliert es den Charakter des Utopi-
schen ganz. Denn hier, wie immer bei Hesse, mußte die Theorie
sich auch in der Praxis bewähren. Indem er als Dichter seine
Idee ins Bild und Leben zurückübersetzt und sie am Beispiel
alltäglicher Situationen anschaulich macht, gewinnt sie eine
Lebendigkeit und Realistik, als sei von etwas ganz Selbstver-
ständlichem die Rede.

(1976)

1877	geboren am 2. Juli in Calw/Württemberg als Sohn des baltischen Missionars und späteren Leiters des »Calwer Verlagsvereins« Johannes Hesse (1847–1916) und dessen Frau Marie verw. Isenberg, geb. Gundert (1842–1902), der ältesten Tochter des namhaften Indologen und Missionars Hermann Gundert.
1881–1886	wohnt Hesse mit seinen Eltern in Basel, wo der Vater bei der »Basler Mission« unterrichtet und 1883 die Schweizer Staatsangehörigkeit erwirbt (zuvor: russische Staatsangehörigkeit).
1886–1889	Rückkehr der Familie nach Calw (Juli), wo Hesse das Reallyzeum besucht.
1890–1891	Lateinschule in Göppingen zur Vorbereitung auf das Württembergische Landesexamen (Juli 1891), der Voraussetzung für eine kostenlose Ausbildung zum ev. Theologen im »Tübinger Stift«. Als staatlicher Schüler muß Hesse auf sein Schweizer Bürgerrecht verzichten. Deshalb erwirbt ihm der Vater im November 1890 die württembergische Staatsangehörigkeit (als einzigem Mitglied der Familie).
1891–1892	Seminarist im ev. Klosterseminar Maulbronn (ab Sept. 1891), aus dem er nach 7 Monaten flieht, weil er »entweder Dichter oder gar nichts werden wollte«.
1892	bei Christoph Blumhardt in Bad Boll (April bis Mai); Selbstmordversuch (Juni), Aufenthalt in der Nervenheilanstalt Stetten (Juni–August). Aufnahme in das Gymnasium von Cannstatt (Nov. 1892), wo er
1893	im Juli das Einjährig-Freiwilligen-Examen (Obersekundareife) absolviert. »Werde Sozialdemokrat und laufe ins Wirtshaus. Lese fast nur Heine, den ich sehr nachahmte.« Im Oktober Beginn einer Buchhändlerlehre in Esslingen, die er aber schon nach drei Tagen aufgibt.
1894–1895	15 Monate als Praktikant in der Calwer Turmuhrenfabrik Perrot. Plan, nach Brasilien auszuwandern.

1895–1898	Buchhändlerlehre in Tübingen (Buchhandlung Heckenhauer). 1896 erste Gedichtpublikation in »Das deutsche Dichterheim«, Wien. Die erste Buchpublikation *Romantische Lieder* erscheint im Oktober 1898.
1899	Beginn der Niederschrift eines Romans *Schwein-igel* (Manuskript noch nicht aufgefunden). Der Prosaband *Eine Stunde hinter Mitternacht* erscheint im Juni bei Diederichs, Jena.
	Im September Übersiedlung nach Basel, wo Hesse bis Januar 1901 als Sortimentsgehilfe in der Reich'schen Buchhandlung beschäftigt ist.
1900	beginnt er für die »Allgemeine Schweizer Zeitung« Artikel und Rezensionen zu schreiben, die ihm noch mehr als seine Bücher »einen gewissen lokalen Ruf machten, der mich im gesellschaftlichen Leben sehr unterstützte«.
1901	Von März bis Mai erste Italienreise.
	Ab August 1901 (bis Frühjahr 1903) Buchhändler im Basler Antiquariat Wattenwyl.
	Die *Hinterlassenen Schriften und Gedichte von Hermann Lauscher* erscheinen im Herbst bei R. Reich.
1902	*Gedichte* erscheinen bei Grote, Berlin, seiner Mutter gewidmet, die kurz vor Erscheinen des Bändchens stirbt.
1903	Nach Aufgabe der Buchhändler- und Antiquariatsstellung zweite Italienreise, gemeinsam mit Maria Bernoulli, mit der er sich im Mai verlobt. Kurz davor Abschluß der Niederschrift des *Camenzind*-Manuskripts, das Hesse auf Einladung des S. Fischer Verlags nach Berlin sendet. Ab Oktober (bis Juni 1904) u. a. Niederschrift von *Unterm Rad* in Calw.
1904	*Peter Camenzind* erscheint bei S. Fischer, Berlin. Eheschließung mit Maria Bernoulli und Umzug nach Gaienhofen am Bodensee (Juli) in ein leerstehendes Bauernhaus. Freier Schriftsteller und Mitarbeiter an zahlreichen Zeitungen und Zeitschriften (u. a. »Die Propyläen«, d. i. »Münchner Zeitung«; »Die Rheinlande«; »Simplicissimus«; »Der Schwabenspiegel«, d. i. »Württemberger Zeitung«). Die biographischen Studien *Boccaccio* und *Franz von Assisi* er-

	scheinen bei Schuster & Loeffler, Berlin und Leipzig.
1905	im Dezember Geburt des Sohnes Bruno.
1906	*Unterm Rad* (1903–1904 entstanden) erscheint bei S. Fischer, Berlin. Gründung der liberalen, gegen das persönliche Regiment Wilhelms II. gerichteten Zeitschrift »März« (Verlag Albert Langen, München), als deren Mitherausgeber Hesse bis 1912 zeichnet.
1907	*Diesseits* (Erzählungen) erscheint bei S. Fischer, Berlin. In Gaienhofen baut und bezieht Hesse ein eigenes Haus »Am Erlenloh«.
1908	*Nachbarn* (Erzählungen) erscheint bei S. Fischer, Berlin.
1909	im März Geburt des zweiten Sohnes Heiner.
1910	*Gertrud* (Roman) erscheint bei Albert Langen, München.
1911	im Juli Geburt des dritten Sohnes Martin. *Unterwegs* (Gedichte) erscheint bei Georg Müller, München; Sept. bis Dez. Indienreise mit dem befreundeten Maler Hans Sturzenegger.
1912	*Umwege* (Erzählungen) erscheint bei S. Fischer, Berlin. Hesse verläßt Deutschland für immer und übersiedelt mit seiner Familie nach Bern in das Haus des verstorbenen befreundeten Malers Albert Welti.
1913	*Aus Indien.* Aufzeichnungen einer indischen Reise, erscheint bei S. Fischer, Berlin.
1914	*Roßhalde* (Roman), erscheint im März bei S. Fischer, Berlin. Bei Kriegsbeginn meldet sich Hesse freiwillig, wird aber als dienstuntauglich zurückgestellt und 1915 der Deutschen Gesandtschaft in Bern zugeteilt, wo er von nun an im Dienst der »Deutschen Gefangenenfürsorge« bis 1919 Hunderttausende von Kriegsgefangenen und Internierten in Frankreich, England, Rußland und Italien mit Lektüre versorgt, Gefangenen-zeitschriften (z. B. die »Deutsche Interniertenzeitung«) herausgibt, redigiert und 1917 einen eigenen Verlag für Kriegsgefangene (»Verlag der Bücherzentrale für deutsche Kriegsgefangene«) aufbaut, in welchem bis 1919 22 von H. H. edierte Bände erscheinen

Zahlreiche politische Aufsätze, Mahnrufe, offene Briefe etc. in deutschen, schweizerischen und österreichischen Zeitungen und Zeitschriften.

1915   *Knulp.* Drei Geschichten aus dem Leben Knulps (Teilvorabdruck bereits 1908), erscheint bei S. Fischer, Berlin.
Am Weg (Erzählungen) erscheint bei Reuß & Itta, Konstanz.
Musik des Einsamen. Neue Gedichte, erscheint bei Eugen Salzer, Heilbronn.
Schön ist die Jugend (Erzählungen) erscheint bei S. Fischer, Berlin.

1916   Tod des Vaters, beginnende Schizophrenie seiner Frau und Erkrankung des jüngsten Sohnes führen zu einem Nervenzusammenbruch Hesses. Erste psychotherapeutische Behandlung durch den C. G. Jung-Schüler J. B. Lang bei einer Kur in Sonnmatt bei Luzern. Gründung der »Deutschen Interniertenzeitung« und des »Sonntagsboten für die deutschen Kriegsgefangenen«.

1917   wird Hesse nahegelegt, seine zeitkritische Publizistik zu unterlassen. Erste pseudonyme Zeitungs- und Zeitschriftenpublikationen unter dem Decknamen Emil Sinclair. Niederschrift des *Demian* (Sept. bis Okt.).

1919   Die politische Flugschrift *Zarathustras Wiederkehr. Ein Wort an die deutsche Jugend von einem Deutschen,* erscheint anonym im Verlag Stämpfli, Bern.
Auflösung des Berner Haushalts (April). Trennung von seiner in einer Heilanstalt internierten Frau. Unterbringung der Kinder bei Freunden. Im Mai Übersiedlung nach Montagnola/Tessin in die Casa Camuzzi, die er bis 1931 bewohnt.
Kleiner Garten. Erlebnisse und Dichtungen, erscheint bei E. P. Tal & Co., Wien und Leipzig.
Demian. Die Geschichte einer Jugend, erscheint bei S. Fischer, Berlin, unter dem Pseudonym Emil Sinclair. Die Sammlung *Märchen* erscheint bei S. Fischer, Berlin. Grün-

dung und Herausgabe der Zeitschrift »Vivos voco«, Für neues Deutschtum (Leipzig und Bern).

1920 *Gedichte des Malers,* Zehn Gedichte mit farbigen Zeichnungen, und die Dostojewski-Essays u. d. T. *Blick ins Chaos* erscheinen im Verlag Seldwyla, Bern.

Klingsors letzter Sommer (Erzählungen) erscheint bei S. Fischer, Berlin; danach, ebenfalls bei S. Fischer, *Wanderung.* Aufzeichnungen mit farbigen Bildern vom Verfasser.

Zarathustras Wiederkehr, Neuauflage bei S. Fischer, diesmal unter Angabe des Autors.

1921 *Ausgewählte Gedichte* erscheinen bei S. Fischer, Berlin. Krise mit fast anderthalbjähriger Unproduktivität zwischen der Niederschrift des ersten und des zweiten Teils von *Siddhartha.* Psychoanalyse bei C. G. Jung in Küsnacht bei Zürich.

Elf Aquarelle aus dem Tessin erscheint bei O. C. Recht, München.

1922 *Siddhartha.* Eine indische Dichtung, erscheint bei S. Fischer, Berlin.

1923 *Sinclairs Notizbuch* erscheint bei Rascher, Zürich. Erster Kuraufenthalt in Baden bei Zürich, das er fortan (bis 1952) alljährlich im Spätherbst aufsucht. Die Ehe mit Maria Bernoulli wird geschieden (Juni).

1924 Hesse wird wieder Schweizer Staatsbürger. Bibliotheks- und Vorbereitungsarbeiten an seinen Herausgeberprojekten in Basel. Heirat mit Ruth Wenger, Tochter der Schriftstellerin Lisa Wenger.

Ende März Rückkehr nach Montagnola.

Psychologia Balnearia oder Glossen eines Badener Kurgastes, erscheint als Privatdruck; ein Jahr später als erster Band in der Ausstattung der »Gesammelten Werke in Einzelausgaben« u. d. T.:

1925 *Kurgast* bei S. Fischer, Berlin. Lesereise u. a. nach Ulm, München, Augsburg, Nürnberg (im November).

1926 *Bilderbuch* (Schilderungen) erscheint bei S. Fischer, Berlin. Hesse wird als auswärtiges Mitglied in die Sektion für Dichtkunst der Preußischen Akademie der Künste gewählt, aus der er 1931 austritt: »Ich habe das Gefühl, beim nächsten Krieg wird diese Akademie viel zur Schar jener 90 oder 100 Prominenten beitragen, welche das Volk wieder wie 1914 im Staatsauftrag über alle lebenswichtigen Fragen belügen werden.«

1927   *Die Nürnberger Reise* und *Der Steppenwolf* erscheinen bei S. Fischer, Berlin, gleichzeitig – zum 50. Geburtstag Hesses – die erste Hesse-Biographie (von Hugo Ball). Auf Wunsch seiner zweiten Frau, Ruth, Scheidung der 1924 geschlossenen Ehe.

1928   *Betrachtungen* und *Krisis*. Ein Stück Tagebuch, erscheinen bei S. Fischer, Berlin, letzteres in einmaliger, limitierter Auflage.

1929   *Trost der Nacht*. Neue Gedichte, erscheint bei S. Fischer, Berlin; *Eine Bibliothek der Weltliteratur* als Nr. 7003 in Reclams Universalbibliothek bei Reclam, Leipzig.

1930   *Narziß und Goldmund* (Erzählung) erscheint bei S. Fischer, Berlin.

1931   Umzug innerhalb Montagnolas in ein neues, ihm auf Lebzeiten zur Verfügung gestelltes Haus, das H. C. Bodmer für ihn gebaut hat. Eheschließung mit der Kunsthistorikerin Ninon Dolbin, geb. Ausländer, aus Czernowitz.
        Weg nach innen. Vier Erzählungen (»Siddhartha«, »Kinderseele«, »Klein und Wagner«, »Klingsors letzter Sommer«), erscheint als preiswerte und auflagenstarke Sonderausgabe bei S. Fischer, Berlin.

1932   *Die Morgenlandfahrt* erscheint bei S. Fischer, Berlin.

1932–1943 Entstehung des *Glasperlenspiels*.

1933   *Kleine Welt* (Erzählungen aus »Nachbarn«, »Umwege« und »Aus Indien«, leicht bearbeitet) erscheint bei S. Fischer, Berlin.

1934   Hesse wird Mitglied des Schweizerischen Schriftstellervereins (zwecks besserer Abschirmung von der NS-Kulturpolitik und effektiverer Interventionsmöglichkeiten für die emigrierten Kollegen).

Vom Baum des Lebens (Ausgewählte Gedichte) erscheint im Insel Verlag, Leipzig.

1935   *Fabulierbuch* (Erzählungen) erscheint bei S.
Fischer, Berlin.

Politisch erzwungene Teilung des S. Fischer
Verlags in einen reichsdeutschen (von Peter
Suhrkamp geleiteten) Teil und den Emigra-
tionsverlag von Gottfried Bermann Fischer,
dem die NS-Behörden nicht erlauben, die Ver-
lagsrechte am Werk Hermann Hesses mit ins
Ausland zu nehmen.

1936   läßt Hesse dennoch seine Hexameterdichtung
Stunden im Garten in Bermann Fischers Exil-
Verlag in Wien erscheinen.

Im September erste persönliche Begegnung mit
Peter Suhrkamp.

1937   *Gedenkblätter* und *Neue Gedichte* erscheinen
bei S. Fischer, Berlin.

Der lahme Knabe, ausgestattet von Alfred
Kubin, erscheint als Privatdruck in Zürich.

1939–1945   gelten Hesses Werke in Deutschland für uner-
wünscht. »Unterm Rad«, »Der Steppenwolf«,
»Betrachtungen«, »Narziß und Goldmund«
und »Eine Bibliothek der Weltliteratur« dürfen nicht mehr nachgedruckt werden.

Die von S. Fischer begonnenen »Gesammelten
Werke in Einzelausgaben« müssen deshalb in
der Schweiz, im Verlag Fretz & Wasmuth,
fortgesetzt werden.

1942   Dem S. Fischer Verlag, Berlin, wird die Druck-
erlaubnis für *Das Glasperlenspiel* verweigert.

Die Gedichte, erste Gesamtausgabe von Hesses
Lyrik, erscheinen bei Fretz & Wasmuth, Zürich.

1943   *Das Glasperlenspiel.* Versuch einer Lebensbeschreibung des Magister Ludi Josef Knecht
samt Knechts hinterlassenen Schriften. Herausgegeben von Hermann Hesse, erscheint bei
Fretz & Wasmuth, Zürich.

1944   Die Gestapo verhaftet Peter Suhrkamp, Hesses
Verleger.

1945   *Berthold,* ein Romanfragment, und *Traum-*
fährte (Neue Erzählungen und Märchen) erscheinen bei Fretz & Wasmuth, Zürich.

1946   *Krieg und Frieden* (Betrachtungen zu Krieg

und Politik seit dem Jahr 1914) erscheint bei Fretz & Wasmuth, Zürich. Danach können Hesses Werke auch in Deutschland wieder gedruckt werden, zunächst im »Suhrkamp Verlag vorm. S. Fischer« (ab 1951 dann im Suhrkamp Verlag, Frankfurt am Main). Goethe-Preis der Stadt Frankfurt am Main. Nobel-Preis.

1950   Hesse ermutigt und ermöglicht Peter Suhrkamp, einen eigenen Verlag zu gründen, der im Juli eröffnet wird.

1951   *Späte Prosa* und *Briefe* erscheinen bei Suhrkamp, Frankfurt am Main.

1952   *Gesammelte Dichtungen* in sechs Bänden als Festgabe zu Hesses 75. Geburtstag erscheinen bei Suhrkamp, Frankfurt am Main.

1954   *Piktors Verwandlungen.* Ein Märchen, faksimiliert, erscheint bei Suhrkamp, Frankfurt am Main.
         Der *Briefwechsel: Hermann Hesse – Romain Rolland* erscheint bei Fretz & Wasmuth, Zürich.

1955   *Beschwörungen,* Späte Prosa/Neue Folge, erscheint bei Suhrkamp, Frankfurt am Main. Friedenspreis des Deutschen Buchhandels.

1956   Stiftung eines Hermann-Hesse-Preises durch die Förderungsgemeinschaft der deutschen Kunst Baden-Württemberg e. V.

1957   *Gesammelte Schriften* in sieben Bänden, erscheinen bei Suhrkamp.

1961   *Stufen,* alte und neue Gedichte in Auswahl, erscheint bei Suhrkamp.

1962   *Gedenkblätter* (um fünfzehn Texte erweitert gegenüber der 1937 erschienenen Ausgabe) erscheint bei Suhrkamp.
         9. August: Tod Hermann Hesses in Montagnola.

1962   »Hermann Hesse. Eine Bibliographie« von Helmut Waibler, erscheint im Francke Verlag, Bern und München.

1963   *Die späten Gedichte* erscheinen als Band 803 der Insel-Bücherei im Insel Verlag, Wiesbaden.

1964   Das Hermann-Hesse-Archiv in Marbach wird gegründet.

1965   *Prosa aus dem Nachlaß* (herausgegeben von

Ninon Hesse) erscheint bei Suhrkamp.
Neue Deutsche Bücher, Literaturberichte für
»Bonniers Litterära Magasin« 1935 bis 1936
(herausgegeben von Berhard Zeller), in der
Turmhahn-Bücherei des Schiller-Nationalmuseums, Marbach.

1966   *Kindheit und Jugend vor Neuzehnhundert,*
Hermann Hesse in Briefen und Lebenszeugnissen 1877 bis 1895 (herausgegeben von Ninon
Hesse), erscheint im Suhrkamp Verlag.
Tod von Ninon Hesse.

1968   *Hermann Hesse – Thomas Mann,* Briefwechsel (herausgegeben von Anni Carlsson), erscheint bei Suhrkamp und S. Fischer.

1969   *Hermann Hesse – Peter Suhrkamp,* Briefwechsel (herausgegeben von Siegfried Unseld), erscheint bei Suhrkamp.

1970   *Hermann Hesse Werkausgabe* in zwölf Bänden, mit einer Auswahl von Hesses Bücherberichten u. d. T. *Eine Literaturgeschichte in
Rezensionen und Aufsätzen* (herausgegeben
von Volker Michels), erscheint bei Suhrkamp.

1971   *Hermann Hesse – Helene Voigt-Diederichs.*
Zwei Autorenportraits in Briefen (herausgegeben von Berhard Zeller), erscheint bei Diederichs, Köln.

1972   Materialien zu Hermann Hesses *Der Steppenwolf* bei Suhrkamp.

1973   *Gesammelte Briefe,* Band 1, 1895–1921 (herausgegeben von Volker/Ursula Michels und
Heiner Hesse), bei Suhrkamp.
Die Kunst des Müßiggangs, kurze Prosa aus
dem Nachlaß und Materialien zu Hermann
Hesses *Das Glasperlenspiel* (beide herausgegeben von Volker Michels) bei Suhrkamp.
Hermann Hesse. Eine Werkgeschichte. (Herausgegeben von Siegfried Unseld) bei Suhrkamp.

1974   Materialien zu Hermann Hesses *Siddhartha*
(herausgegeben von Volker Michels) bei Suhrkamp.

1977   *Kleine Freuden.* Kurze Prosa aus dem Nachlaß. (Herausgegeben von Volker Michels),
Politik des Gewissens. Die Politischen Schrif-

ten 1914–1962, 2 Bände (herausgegeben von Volker Michels), *Hermann Hesse – R. J. Humm,* Briefwechsel (herausgegeben von Volker und Ursula Michels), erscheinen bei Suhrkamp, ebenso *Die Welt der Bücher.* Betrachtungen und Aufsätze zur Literatur.

Hermann Hesse. Bodensee. Betrachtungen, Erzählungen, Gedichte (herausgegeben von Volker Michels), bei Thorbecke, Sigmaringen.

Hermann Hesse als Maler, ausgewählt von Bruno Hesse und Sandor Kuthy, bei Suhrkamp.

1978   *Kindheit und Jugend vor Neunzehnhundert,* Band 2 (herausgegeben von Gerhard Kirchhoff), bei Suhrkamp.

Hermann Hesse – Heinrich Wiegand, Briefwechsel (herausgegeben von Klaus Pezold), erscheint im Aufbau Verlag, Berlin, DDR.

1979   *Gesammelte Briefe,* Band 2, 1922–1935, erscheint bei Suhrkamp.

Hermann Hesse. Sein Leben in Bildern und Texten. Von Volker Michels, erscheint bei Suhrkamp.

Theodore Ziolkowski, *Der Schriftsteller Hermann Hesse.*

1982   *Gesammelte Briefe,* Band 3, 1936–1948.

Ralph Freedman, *Hermann Hesse, Autor der Krisis.* Eine Biographie.

Hermann Hesse
im Suhrkamp Verlag und
im Insel Verlag

Gesammelte Schriften in sieben Bänden. Leinen und Leder
Band I: Frühe Prosa. Peter Camenzind. Unterm Rad. Diesseits.
             Bernold
Band II: Gertrud. Kleine Welt. Roßhalde. Fabulierbuch
Band III: Knulp. Demian. Märchen. Wanderung. Klingsor. Sid-
             dhartha. Bilderbuch
Band IV: Kurgast. Die Nürnberger Reise. Der Steppenwolf.
             Traumfährte. Gedenkblätter. Späte Prosa
Band V: Narziß und Goldmund. Stunden im Garten. Der lahme
             Knabe. Die Gedichte
Band VI: Die Morgenlandfahrt. Das Glasperlenspiel
Band VII: Betrachtungen. Briefe. Rundbriefe. Tagebuchblätter
– Werkausgabe. Zwölf Bände. Leinenkaschur
Gesammelte Briefe in vier Bänden. Unter Mitwirkung von Heiner
     Hesse herausgegeben von Ursula und Volker Michels. Leinen
Die Romane und die Großen Erzählungen. Jubiläumsausgabe zum
     hunderten Geburtstag von Hermann Hesse. Acht Bände in
     Schmuckkassette
– Gesammelte Erzählungen. Geschenkausgabe in sechs Bänden
Gesammelte Werke in Einzelausgaben in blauen Leinen. Von dieser
     Ausgabe sind gegenwärtig lieferbar:
– Beschwörungen. Späte Prosa – Neue Folge
– Das Glasperlenspiel. Vollständige Ausgabe in einem Band. Dünn-
     druck
– Demian. Die Geschichte von E. Sinclairs Jugend
– Der Steppenwolf. Roman
– Frühe Prosa
– Gedenkblätter. Ein Erinnerungsbuch. Erweiterte Ausgabe zum
     85. Geburtstag des Dichters
– Narziß und Goldmund
– Prosa aus dem Nachlaß
– Siddhartha. Eine indische Dichtung
– Traumfährte. Erzählungen und Märchen
Hermann Hesse Lesebücher. Zusammengestellt von Volker Michels
– Jeden Anfang wohnt ein Zauber inne. Lebensstufen
– Eigensinn macht Spaß. Individuation und Anpassung
– Wer lieben kann, ist glücklich. Über die Liebe
– Die Hölle ist überwindbar. Krisis und Wandlung
– Das Stumme spricht. Herkunft und Heimat. Natur und Kunst
– Die Einheit hinter den Gegensätzen. Religionen und Mythen

14/1/1.87

Hermann Hesse
im Suhrkamp Verlag und
im Insel Verlag

Einzelausgaben:
– Aus Indien. Erinnerungen, Erzählungen, Tagebuchaufzeichnungen. Herausgegeben von Volker Michels. st 562
– Aus Kinderzeiten. Gesammelte Erzählungen. Band I 1900-1905. st. 347
– Ausgewählte Briefe. Zusammengestellt von Hermann Hesse und Ninon Hesse. st 211
– Bericht aus Normalien. Humoristische Erzählungen, Gedichte und Dokumente. Herausgegeben von Volker Michels. st 1308
– Berthold. Erzählung. st 1198
– Briefe an Freunde. Rundbriefe 1946-1962. Zusammengestellt von Volker Michels. st 380
– Briefwechsel:
– – Hermann Hesse – Rudolf Jakob Humm. Briefwechsel. Herausgegeben von Ursula und Volker Michels. Leinen
– – Hermann Hesse – Thomas Mann. Briefwechsel. Herausgegeben von Anni Carlsson. Leinen und BS 441
– – Hermann Hesse – Peter Suhrkamp. Briefwechsel 1945-1959. Herausgegeben von Siegfried Unseld. Leinen
– Casanovas Bekehrung. Erzählung. st 1196
– Dank an Goethe. Betrachtungen, Rezensionen, Briefe. Mit Abbildungen. it 129
– Das Glasperlenspiel. st 79
– Demian. Die Geschichte von E. Sinclairs Jugend. BS 95 und st 206
– Der Europäer. Gesammelte Erzählungen Band 3. st. 384
– Der Lateinschüler. Erzählung. st 1193
– Der Steppenwolf. Roman. BS 226 und st 175
– – Illustriert von Gunter Böhmer. 1981. 1000 numerierte Exempl. in Leinen. 200 numerierte und vom Illustrator signierte Exemplare in Leder.
– Der verbrannte Ehemann oder Anton Schievelbeyn's ohnfreywillige Reisse. Handgeschrieben und illustriert von Peter Weiss. it 260
– Der vierte Lebenslauf Josef Kenchts. Mit einem Essy von Theodore Ziolkowski. st. 1261
– Der Weltverbesserer. Erzählung. st 1197
– Der Zwerg. Ein Märchen. Mit Illustrationen von Rolf Köhler. it 636
– Die Erzählungen. SA. Leinen 2 Bde. in Kassette
– Die Gedichte 1892-1962. Herausgegeben von Volker Michels. 2 Bde. st 381

14/2/1.87

Hermann Hesse
im Suhrkamp Verlag und
im Insel Verlag

- Die Heimkehr. Erzählung. st 1201
- Die Kunst des Müßiggangs. Kurze Prosa aus dem Nachlaß. Herausgegeben und mit einem Nachwort von Volker Michels. st 100
- Die Märchen. st 291
- Die Morgenlandfahrt. Erzählung. BS 1 und st 750
- Die Nürnberger Reise. st 227
- Die späten Gedichte. IB 803
- Die Stadt. Ein Märchen. Ins Bild gebracht von Walter Schmögner. it 236
- Die Verlobung. Gesammelte Erzählungen Band 2. st 368
- Die Welt der Bücher. Betrachtungen und Aufsätze zur Literatur. Zusammengestellt von Volker Michels. st 415
- Eigensinn. Autobiographische Schriften. Auswahl und Nachwort Siegfried Unseld. BS 353
- Eine Literaturgeschichte in Rezensionen und Aufsätzen. Herausgegeben von Volker Michels. st 252
- Emil Kolb. Erzählung. st 1202
- Freunde. Erzählung. st 1284
- Gedenkblätter. Erinnerungen an Zeitgenossen. st 963
- Gertrud. Roman. st 890
- Geschichten aus dem Mittelalter. Herausgegeben von Hermann Hesse. it 161
- Glück. Späte Prosa. Betrachtungen. BS 344
- Hermann Lauscher. Illustriert von Gunter Böhmer. it 206
- Heumond. Erzählung. sf 1194
- Hölderlin. Dokumente seines Lebens. Herausgegeben von Hermann Hesse. it 221
- Innen und Außen. Gesammelte Erzählungen Band 4. st 413
- Iris. Ausgewählte Märchen. BS 369
- Italien. Schilderungen, Tagebücher, Gedichte, Aufsätze, Buchbesprechungen und Erzählungen. st 689.
- Karl Eugen Eiselein. Erzählung. st 1192
- Kinderseele. Erzählung. st 1203
- Kindheit des Zauberers. Ein autobiographisches Märchen. Handgeschrieben, illustriert und mit einer Nachbemerkung versehen von Peter Weiss. it 67
- Kindheit und Jugend vor Neunzehnhundert. Hermann Hesse in Briefen und Lebenszeugnissen 1877-1895. Herausgegeben von Ninon Hesse. Leinen und st 1002

Hermann Hesse
im Suhrkamp Verlag und
im Insel Verlag

– Kindheit und Jugend vor Neunzehnhundert. Zweiter Band. Hermann Hesse in Briefen und Lebenszeugnissen 1895–1900. Herausgegeben von Volker Michels. Leinen
– Klein und Wagner. st 116
– Kleine Freuden. Kurze Prosa aus dem Nachlaß. Herausgegeben von Volker Michels. st 360
– Klingsors letzter Sommer. Erzählungen. Mit einem farbigen Frontispiz. BS 608
– Knulp. Drei Geschichten aus dem Leben Knulps. BS 75
– Knulp. Drei Geschichten aus dem Leben Knulps. Mit dem unveröffentlichten Fragment ›Knulps Ende‹. Mit Steinzeichnungen von Karl Walser. it 394
– Krisis. Ein Stück Tagebuch. BS 747
– Kurgast. Aufzeichnungen von einer Badener Kur. st 383
– Ladidel. Erzählung. st 1200
– Legenden. Zusammengestellt von Volker Michels. st 909
– Lektüre für Minuten. Auswahl Volker Michels. st 7
– Lektüre für Minuten 2. Neue Folge. st 240
– Magie der Farben. Aquarelle aus dem Tessin mit Betrachtungen und Gedichten. it 482
– Magie des Buches. Betrachtungen. BS 542
– Mein Glaube. Eine Dokumentation: Betrachtungen, Briefe, Rezensionen und Gedichte. Herausgegeben von Siegfried Unseld. BS 300
– Morgenländische Erzählungen. Herausgegeben von Hermann Hesse. it 409
– Musik. Betrachtungen, Gedichte, Rezensionen und Briefe. Mit einem Essay von Hermann Kassack. BS 483 und st 1217
– Narziß und Goldmund. BS 65 und st 274
– Peter Camenzind. Erzählung. st 161
– Piktors Verwandlungen. Ein Liebesmärchen. Vom Autor handgeschrieben und illustriert. Faksimiledruck der Originalhandschrift. Limitierte Auflage. 1000 Exemplare in Leinen und it 122
– Politik des Gewissens. Politische Schriften 1914–1962. Herausgegeben von Volker Michels. Mit einem Vorwort von Robert Jungk. 2 Bde. Leinen und st 656
– Roßhalde. Roman. st 312
– Schmetterlinge. Betrachtungen, Erzählungen, Gedichte. Zusammengestellt und mit einem Nachwort von Volker Michels. it 385
– Schriften zur Literatur. 2 Bände. Leinenkasch.

14/4/1.87

Hermann Hesse
im Suhrkamp Verlag und
im Insel Verlag

- Siddhartha. Eine indische Dichtung. BS 227 und st 182
- Sinclairs Notizbuch. Mit vier farbig reproduzierten aquarellierten Federzeichnungen des Verfassers. BS 839
- Stufen. Ausgewählte Gedichte. BS 342
- Stunden im Garten. Zwei Idyllen. Mit teils farbigen Zeichnungen von Gunter Böhmer. IB 999
- Tractat vom Steppenwolf. es 84
- Unterm Rad. Erzählung. st 52 und BS 776
- Von Wesen und Herkunft des Glasperlenspiels. Die vier Fassungen der Einleitung zum Glasperlenspiel. Herausgegeben und mit einem Essay von Volker Michels. st 382
- Walter Kömpff. Erzählung. st 1199
- Wanderung. BS 444

Hermann Hesse. Vierundvierzig Aquarelle in Originalgröße. Ausgewählt von Bruno Hesse und Sandor Kuthy. Limitierte Auflage in 500 Exemplaren in einer Schmuckkassette.

Mit Hermann Hesse durch das Jahr. Mit Reproduktionen von 13 aquarellierten Federzeichnungen von Hermann Hesse.

Materialien zu Hesses Werk. Herausgegeben von Volker Michels:
- Zu ›Glasperlenspiel‹ Band I. ›Das Glasperlenspiel‹. st 80
  Band 2. Texte über das Glasperlenspiel. st 108
- zu ›Demian‹. Band 1. st 166
  Band 2. Texte über den ›Demian‹. st 316
- zu ›Siddhartha‹ Band 1. stm. st 2048
  Band 2. Texte über Siddhartha. stm. st 2049
- zu ›Der Steppenwolf‹. st 53

Hermann Hesse. Rezeption 1978-1983. Herausgegeben von Volker Michels. stm. st 2045
- Über Hermann Hesse. Herausgegeben von Volker Michels. Bd. 1. st 331. Bd. 2. st 332

Hermann Hesse. Sein Leben in Bildern und Texten. Herausgegeben von Volker Michels. Gestalt von Willy Fleckhaus. Mit Anmerkungen, Namenregister, Zitat- und Bildnachweis. Vorwort von Hans Mayer. Leinen

Hermann Hesse – Eine Chronik in Bildern. Bearbeitet und mit einer Einführung von Bernhard Zeller. Mit 334 teilweise großformatigen Bildern. Leinen

Hermann Hesse – Leben und Werk im Bild. Herausgegeben von Volker Michels. it 36

Hermann Hesse
im Suhrkamp Verlag und
im Insel Verlag

Hermann Hesse – Werk- und Wirkungsgeschichte. Von Siegfried
  Unseld. Revidierte Fassung. st 1257
Hermann Hesses weltweite Wirkung. Internationale Rezeptionsge-
  schichte. Herausgegeben von Martin Pfeifer. Band 1. st 386. Band 2.
  st 506.

Schallplatten:
– Hermann Hesse – Sprechplatte. Langspielplatte
– Hermann Hesse liest »Über das Alter«. Langspiel-Sprechplatte.
  Zusammengestellt von Volker Michels.

14/6/1.87

suhrkamp taschenbücher materialien

»Der Suhrkamp Verlag hat der älteren Idee, rund um einen gewichtigen Autor biographische und essayistische Texte zusammenzustellen, mit seiner Reihe ›suhrkamp taschenbücher materialien‹ neuen Schwung verliehen.«
(Frankfurter Allgemeine Zeitung)

Herbert Achternbusch. Hg. J. Drews. st 2015

Samuel Beckett. Hg. H. Engelhardt. st 2044

Thomas Bernhard. Werkgeschichte. Hg. J. Dittmar. st 2002

Brasilianische Literatur. Hg. M. Strausfeld. st 2024

Brechts ›Aufhaltsamer Aufstieg des Arturo Ui‹. Hg. R. Gerz. st 2029

Brechts ›Dreigroschenoper‹. Hg. W. Hecht. st 2056

Brechts ›Gewehre der Frau Carrar‹. Hg. K. Bohnen. st 2017

Brechts ›Guter Mensch von Sezuan‹. Hg. J. Knopf. st 2021

Brechts ›Heilige Johanna der Schlachthöfe‹. Hg. J. Knopf. st 2049

Brechts ›Kaukasischer Kreidekreis‹. Hg. W. Hecht. st 2054

Brechts ›Leben des Galilei‹. Hg. W. Hecht. st 2001

Brechts ›Mann ist Mann‹. Hg. C. Wege. st 2023

Brechts ›Mutter Courage und ihre Kinder‹. Hg. D. Müller. st 2016

Brechts Romane. Hg. W. Jeske. st 2042

Brechts ›Tage der Commune‹. Hg. W. Siegert. st 2031

Brechts Theaterarbeit. Seine Inszenierung des ›Kaukasischen Kreide-kreis‹ 1954. Hg. W. Hecht. st 2062

Brechts Theorie des Theaters. Hg. W. Hecht. st 2074

Hermann Broch. Hg. P. M. Lützeler. st 2065

Brochs ›Verzauberung‹. Hg. P. M. Lützeler. st 2039

Die deutsche Kalendergeschichte. Ein Arbeitsbuch von Jan Knopf. st 2030

Hans Magnus Enzensberger. Hg. R. Grimm. st 2040

Frischs ›Andorra‹. Hg. E. Wendt u. W. Schmitz. st 2053

Frischs ›Don Juan oder Die Liebe zur Geometrie‹. Hg. W. Schmitz. st 2046

Frischs ›Homo faber‹. Hg. W. Schmitz. st 2028

Geschichte als Schauspiel. Hg. W. Hinck. st 2006

Peter Handke. Hg. R. Fellinger. st 2004

Ludwig Hohl. Hg. J. Beringer. st 2007

Ödön von Horváth. Hg. T. Krischke. st 2005

Ödön von Horváth. Der Fall E. oder Die Lehrerin von Regensburg. Hg. J. Schröder. st 2014

Horváths ›Geschichten aus dem Wiener Wald‹. Hg. T. Krischke. st 2019

Horváths ›Jugend ohne Gott‹. Hg. T. Krischke. st 2027

Peter Huchel. Hg. A. Vieregg. st 2048

Uwe Johnson. Hg. R. Gerlach, M. Richter. st 2061

Johnsons ›Jahrestage‹. Hg. M. Bengel. st 2057

Joyces ›Dubliner‹. Hg. K. Reichert, F. Senn, D. E. Zimmer. st 2052

Juden in der deutschen Literatur. Hg. St. Moses, A. Schöne. st 2063

Kafka: Der Schaffensprozeß. Hg. H. Binder. st 2026

Der junge Kafka. Hg. G. Kurz. st 2035

Marie Luise Kaschnitz. Hg. U. Schweikert. st 2047

Alexander Kluge, Hg. T. Böhm-Christl. st 2033

Franz Xaver Kroetz. Hg. O. Riewoldt. st 2034

Lateinamerikanische Literatur. Hg. M. Strausfeld. st 2041

Literarische Utopie-Entwürfe. Hg. H. Gnüg. st 2012

Karl May. Hg. H. Schmiedt. st 2025

Friedericke Mayröcker. Hg. S. J. Schmidt. st 2043

E. Y. Meyer. Hg. B. von Matt. st 2022

Moderne chinesische Literatur. Hg. W. Kubin. st 2045

Paul Nizon. Hg. M. Kilchmann. st 2058

Die Parabel. Hg. T. Elm, H. H. Hiebel. st 2060

Plenzdorfs ›Die neuen Leiden des jungen W.‹ Hg. P. J. Brenner. st 2013

Rilkes ›Aufzeichnungen des Malte Laurids Brigge‹. Hg. H. Engelhardt. st 2051

Rilkes ›Duineser Elegien‹. Drei Bände. Hg. U. Fülleborn.
st 2009/2010/2011

Schillers Briefe über die ästhetische Erziehung. Hg. J. Bolten. st 2037

Karin Struck. Hg. H. Adler, H. J. Schrimpf. st 2038

Martin Walser. Hg. K. Siblewski. st 2003

Weimars Ende. Im Urteil der zeitgenössischen Literatur und Publizistik. Hg. T. Koebner. st 2018

Ernst Weiß. Hg. P. Engel. st 2020

Peter Weiss. Hg. R. Gerlach. st 2036

Peter Weiss: ›Ästhetik des Widerstands‹. Hg. A. Stephan. st 2032